后进生转化 36计

陈敬文 编著

——"持续教育，系统管理"实践研究

海峡出版发行集团 | 福建教育出版社

研究与编写团队

主　　持：陈敬文

核心组成员：吴建生　林正惠　林云钦　林兰琼
　　　　　　　丁秀兰　薛　枫　李明琴　林聚金
　　　　　　　林传生　林　枫　施文英　翁文夷
　　　　　　　吴林升　郑爱钦　林　玉

目 录

前言 ·· 1

理 论 篇

论"持续教育，系统管理"教育转化后进生 ······················ 3

策 略 篇

第一组块：胜战计·长善救失 ·· 55
  第一计　瞒天过海 ·· 56
  第二计　围魏救赵 ·· 59
  第三计　借刀杀人 ·· 62
  第四计　以逸待劳 ·· 65
  第五计　趁火打劫 ·· 68
  第六计　声东击西 ·· 70

第二组块：敌战计·棋逢对手 ·· 73
  第七计　无中生有 ·· 74
  第八计　暗度陈仓 ·· 77
  第九计　隔岸观火 ·· 79
  第十计　笑里藏刀 ·· 82
  第十一计　李代桃僵 ·· 85
  第十二计　顺手牵羊 ·· 88

第三组块：攻战计·精准施策 ·· 91
  第十三计　打草惊蛇 ·· 91

第十四计　借尸还魂 …………………………………… 94
第十五计　调虎离山 …………………………………… 98
第十六计　欲擒故纵 …………………………………… 100
第十七计　抛砖引玉 …………………………………… 104
第十八计　擒贼擒王 …………………………………… 106

第四组块：混战计·审时度势 ………………………… 109
第十九计　釜底抽薪 …………………………………… 110
第二十计　浑水摸鱼 …………………………………… 113
第二十一计　金蝉脱壳 ………………………………… 115
第二十二计　关门捉贼 ………………………………… 118
第二十三计　远交近攻 ………………………………… 121
第二十四计　假道伐虢 ………………………………… 124

第五组块：并战计·循序渐进 ………………………… 126
第二十五计　偷梁换柱 ………………………………… 127
第二十六计　指桑骂槐 ………………………………… 130
第二十七计　假痴不癫 ………………………………… 132
第二十八计　上屋抽梯 ………………………………… 134
第二十九计　树上开花 ………………………………… 138
第三十计　反客为主 …………………………………… 141

第六组块：败战计·化险为夷 ………………………… 144
第三十一计　美人计 …………………………………… 144
第三十二计　空城计 …………………………………… 147
第三十三计　反间计 …………………………………… 150
第三十四计　苦肉计 …………………………………… 152
第三十五计　连环计 …………………………………… 155
第三十六计　走为上 …………………………………… 159

编后语 ……………………………………………………… 162

前　言

　　从20世纪90年代初期开始，笔者就致力于后进生教育转化工作，先是依托担任学校少先队总辅导员和音乐老师的优势，通过活动开展教育转化工作；接着担任了学校副校长（兼总辅导员和思品老师），便把后进生教育转化工作列入日常教育与管理的系列；后来担任校长，就更进一步完善与加强后进生教育转化的工作，以"持续教育，系统管理"为理念，通过课题和学校管理特色加以彰显，引导老师和团队成员摒弃"差生"观念，致力于后进生教育转化工作，不断推出"持续教育，系统管理"后进生转化运作系统及其教育策略。

　　党的十九大提出，中国特色社会主义进入了新时代，这是我国发展新的历史方位。新时代确立了教育价值选择的新坐标系，教育要有新作为，必须以未来为导向，落实好立德树人的根本任务。教育要有新作为，意味我们不仅要关注教育的未来，更要关注时代的未来。在专注改善学校硬件设施的同时，要有更宽的时代视野和格局，要找准教育时代坐标系的新定位，而非仅仅把目光放在自己学校内部；在专注教师专业发展与多数学生发展的同时，我们要面向全体学生，全面贯彻党的教育方针，发展素质教育，培养社会主义建设者和接班人，造就担当民族复兴大任的一代新人，我们也要实施"教育扶贫"，花大气力教育转化后进生，我们不能把后进生培养成旁观者或反对派。当前，人民有着更好的教育期待，我们既要关注教育重要的时代命题"优质和公平"，我们也要关注教育的永恒主题"面向全体学生和全面发展"，一所有担当的学校，校长、老师应当承担起这方面的责任，为教育事业的"时代命题"和"永恒主题"竭尽全力。要落实好立德树人的根本任务，我们就要加强社会主义核心价值观的培育和培养，就必须构建以社会主义核心价值观为引领的大中小幼一体化德育体系。2014年9月，笔者针对教育新常态，特别是随着"立德树人"、践行社会主义核心价值观，以及"互联网＋""心理干预""核心素养"等各种现代元素的融入，提出了基于"持续教育，系统管理"后进生教育转化运作系统的反思与对策。2016年3月，组建课题组，申请立项福建省教育厅中小学德育研究专项课题"基于'持续教育，系统管理'后进生教育转化运作系统的实践研究"（立项批准号：DY201645B）；2016年9月成为福建省教育厅德育建设示范项目（批准文号：闽教思〔2016〕35号，编号：95），2017年1月，入选福建人民出版社出版的《立德树人的福建探索》一书；2017年8月，入选福建省中小学德育建设"十佳百优"示范项目中的"百优"项目（批准文号：闽教思〔2017〕13号，编号：93）。通过持续完善与改进"运作系统"，通过"系统管理和持续教育"提炼后进生教育转化的策略，实现区域性的后进生教育转化的系统化、一致性、实效性和持续性。

陈敬文

2021年7月

理 论 篇

论"持续教育，系统管理"教育转化后进生

笔者主张"持续教育，系统管理"教育转化后进生，近 30 年来，一直带领团队践行这个理念，坚持教育转化后进生的体制机制研究，以"持续教育，系统管理"运作系统教育转化后进生，以"持续跟进"的韧劲思考如何把研究继续深化下去，持续将观点和具体的实践随时代发展、教育理念的更新不断创新，持续不断地通过"持续教育，系统管理"转化后进生提炼教育实践策略，取得一些成果。本文试就后进生的定义、产生及其原因、教育途径与策略、管理及其机制等方面进行探究，并对相关成果做较全面的阐述，以彰显"持续教育，系统管理"的理念，从而更多更好地教育转化后进生，更有效地走近学生，增强管理实效性，高质量提高教育效益，压实立德树人的初心与使命。

一、背景与缘由

（一）背景

人类进入 21 世纪，世界处在和平与挑战并存、大发展大变革大调整如火如荼时期，价值观、道德教育正引领着世界课程改革的潮流；中华民族伟大复兴需要学校"立德树人"，需要倾心培育对自己、对家庭、对社会负责任的公民。后进生也是未来的公民，如何认识和教育后进生，是一个直接涉及教育人是否"面向全体学生"、是否能够全面贯彻党的教育方针、是否全心全意地把"祖国的希望和未来"培养成为社会有用人才的十分严肃的问题。历史和经验告诉我们，后进生实际上也渴望进步，是我们教育人暂时没有找到他们的准确定位而已，假如我们能及时、准确地找到后进生的爱好和特长（即"闪光点"），给予及时的肯定和引导，并适时地给他们创造展示才能的机会

和平台,让他们看到自身的价值,从中得到锻炼,找到自己在班集体中的位置,那么后进生就能逐步地转化、守正、先进。基于这个理念和理解,我们觉得后进生是可以通过教育和管理得以转化的。

(二)缘由

诚然,树有高矮、人有胖瘦,"万物莫不相异,天地间没有两个彼此完全相同的东西"(德国哲学家、数学家莱布尼茨)[①]。没有差别的世界是不存在的,抑或只是一个"克隆"的世界;两个完全相同的人是没有的,抑或只是一群批量生产的木偶。苏联教育家苏霍姆林斯基更有针对性地说:"每一个学生都各自是一个完全特殊的、独一无二的世界。"后进生和普通学生一样,都是一个鲜活生命的个体,他们都具有一个丰富多彩的世界,都有自己的特点、兴趣、情感和需要,具有不同的发展水平。作为教育人,我们要让他们在各自的水平上有所提高、有所发展。同时,我们还要善于发现每个后进生的不同个性,走进他们独特的、丰富的个性世界,对他们加以引导和帮助,给予悦纳和确认,予以持续的教育和系统的管理,让每一个学生都享受到爱的阳光雨露,在温暖、滋润的环境中茁壮成长。这是我们教育人对"为党育人,为国育才"的最好表达。

平潭实验小学很早就非常关注后进生的教育,笔者在担任副校长时就着手研究后进生教育转化工作,20世纪90年代初就提出"持续教育,系统管理"理念和不断推出教育转化后进生的措施与策略。1992年开始致力于后进生教育转化运作系统的酝酿,先是向班主任、科任教师推出"后进生呈报表"(期初)和"后进生教育转化汇报表"(期末)。1994年9月,为了加强过程管理,又推出"后进生转化跟踪卡"和"后进生家校联系卡"。至1997年,整个系统酝酿基本就绪。在一次督导评估中,县督导室的领导对此怀有浓厚的兴趣,鼓励按照既定的思路、课题研究计划继续研究。1998年9月,完成了整个系统的建构并付诸实施。这个系统在笔者担任校长的15年里达到高效运作的状态。2016年3月,笔者针对教育新常态,特别是教育引入了"立德

---

① 宋运来:《影响教师一生的100个好习惯》,江苏人民出版社,2008年版。

树人""社会主义核心价值观",以及"互联网＋""心理干预""核心素养"等各种现代元素后,该系统的实际运作在实践中遇到困惑和瓶颈,便开始对"后进生教育转化运作系统"进行反思,提出"基于'持续教育,系统管理'后进生教育转化运作系统的实践研究"和"通过'持续教育,系统管理'转化后进生的教育实践策略"课题研究。

二、关键词诠释

(一)后进生

后进生,顾名思义,是指思想行为、学业成绩、智力发展等方面低于合格水平,存在这样那样问题和缺陷的学生。"后进生"这个词语由来已久,早在1905年前后,美国心理学家桑戴克等人研究中小学辍学情况,运用各种量表对美国若干城市的中小学生进行测验,发现这些学生的成绩大大低于其他城市学生的水平,他们在报告与交流中用了"Laggards in Our Schools"一词来描述这些学生,按照现在翻译普遍认为是"我们学校的后进生"。其中"Laggards",按照"百度翻译在线"可直译成"落后者;迟缓者;落伍者;衰退阶段;顽固派"等,意译为后进生。我国的后进生一词来自苏联,大概在20世纪50年代,我国实行全面学习"老大哥",教育领域也像全国各行各业一样"一边倒",大量学习、借鉴甚至照搬苏联的经验。当时,教育专家和老师学习苏联教育家苏霍姆林斯基等人的著作中,发现教育家常用"后进生"一词来描述那个时代处于特殊境地的学生,这些学生不仅测验成绩差,而且思想、品行等方面均存在问题,与国家和社会的要求或期望相距甚远,觉得跟我们平时所说的"差生"特征很相近,便引用了"后进生"一词并广泛运用于中小学教育实践中,并逐渐丰富其含义。

当下,在我国的中小学教育系统中,后进生就是素质发展的某一方面或所有方面相对滞后的学生,是就某个学生群体而言的相对俗语。通常情况下最突出地表现在品行和学业成绩等方面相对滞后,按照素质教育的标准,不应局限于品行和学业成绩这两个方面来评判一个学生后进与否。后进生既指素质发展相对滞后的个体,也指素质发展相对滞后的群体。按照目前中小学教师的视角，后进生，一般是指那些学习成绩不及格但表现尚好或学习不及格、纪律不守规、行为习惯不合体的学生，我们团队把心理健康有待矫正的学生也列入其中。

当然，我们这里所说的后进生，不是由某些遗传或生理的因素造成的智力落后、反应迟钝、脑功能失调等的儿童，也不是指已经走上犯罪道路、有"反社会行为"的"问题儿童"。有人主张用"问题学生"或"学困生"来替代后进生，笔者认为"后进生"一词已约定俗成，更能准确表达这个群体的内涵与外延。

（二）运作系统

运作即运行和操作，指进行中的工作状态；系统是指将零散的东西进行有序的整理、编排形成的具有整体性的整体。本文指在教育转化后进生过程中根据现实需要产生的序列化的表册、运行程序以及管理规程形成的教育转化体系，先后有三种版本，1998年版、2016年版、2017年版，三种版本是递进的关系，2017年版为最优版本。运作系统即运行中的"后进生教育转化"各个部分，在相互联系、相互作用之中形成的相对确定的范式。

（三）持续教育，系统管理

持续教育即持续不断的教育，这里引用了1992年联合国环境与发展大会上的《里约宣言》中的"人类是可持续发展的关注核心"和《联合国可持续发展教育十年（DESD，2005—2014）》中的"可持续发展教育"的意涵；系统管理原指管理企业的信息技术系统，本研究指后进生教育转化过程中，从认定到跟踪教育、从包干"交友"到责任到人、从学科教育到立体关注、从团体竞赛到结果验收等各个环节形成了整体。"持续教育，系统管理"即指2000年4月号的《现代中小学教育》刊载的《"持续教育，系统管理"——建立后进生教育转化运作系统的实验报告》中的基本理念和观点。

（四）后进生教育转化36计

《三十六计》或称《三十六策》，是指中国古代36个兵法策略，民间传说于南北朝，明末清初，无名氏采集群书编撰成书。它是根据中国古代军事思想和丰富的斗争经验总结而成的兵书，是中国古代兵家计谋的总结和军事谋略学的宝贵遗产。因为三十六计影响深远、非常实用且朗朗上口，故广为运用且交口称誉。一次偶然的事件，笔者巧妙地运用教育策略而产生神奇的效果，被老师广为称颂，说校长会用"36计"，于是，老师就将教育转化后进生的经验和策略围绕着"三十六计"进行提炼。"后进生教育转化36计"为老师积极地应对突发事件和未能预料的各种情境做出自然而然的快速反应提供了灵感的"触发键"。

三、教育转化后进生的历史意义与社会价值

（一）历史意义

改革开放后，中国社会经济得到了飞速发展，为教育提供了千载难逢的发展机遇，教育投入快速增长，基础设施不断健全，师资力量逐步扩大，教育理念持续更新，培养了大批优秀的社会主义建设人才。但是，以应试教育为主的教育模式越来越成为制约高素质人才成长的瓶颈。随着中国经济发展方式的加快转型升级，中国的教育模式也必须加快转型。然而，由于诸多因素的影响，应试教育改革进程缓慢，素质教育在实施中遇到了一定的障碍，严重制约了中国教育水平的提升。特别是以升学为追求的"应试教育"和"教育产业化"为倾向的社会变革等因素给教育带来负面影响，后进生存在着越来越多、越来越后进的趋势。曾经有人调查统计发现，全国中小学生中，总共有三千多万后进生（包括某方面后进的学生）。这实在是个惊人的数字。这必然严重地影响学校的教育质量，影响学生家庭的生活质量，也会影响社会安定稳定，有可能成为将来社会问题的隐患。因此，教育转化后进生越来越被家庭、学校、社会所关注。这已不是"要不要做"的问题，而是到了"非做不可"的地步。

第一，这是管理好一个学校乃至一个班级的客观要求。一个学校的口碑、一个班级的班风，往往不是取决于学习好而又守纪律的学生，而是要看后进生的表现。

第二，全面实施素质教育的需要。教育的根本目的是面向全体学生、全面提高学生的素质，而在学校教育中，"优生"往往受重视，后进生常常被冷落。而后进生是学校中一个不小的群体，他们是缺乏学习自觉性和自我约束能力而导致学习成绩低、操行不良的学生。课堂上，他们经常是昏昏沉沉的"瞌睡虫"、无所事事的"东张西望者"、喧闹起哄的"麻烦制造者"。课堂外，他们可能又是迟到、旷课、吸烟、酗酒、打架、招三惹四、沉溺网吧的"顽固者"，而且年级越高这种不良现象越严重，是令老师头疼、德育干部头麻、学校领导心悸的群体。

第三，社会发展的要求。应试教育导致教育荒废。教育荒废是指表面上教育抓得很紧，偏重学习，而实际上忽略了真正的教育，轻视身体、心理发展需求，这种普遍存在的教育情况，其最明显的症状就是知行分离。相关调查显示，中国几乎所有高中生都认为生活中身体健康最重要，96.8%的高中生赞同饮食不能仅凭喜好，还要考虑营养均衡，但是在实际生活中，他们的健康行为与他们的健康观念存在一定差距。仅就早餐而言，中国高中生有56.4%没有吃早餐的习惯，另外，还有32.1%的中国高中生认为为了学习减少睡眠时间是值得的。这种教育荒废现象容易影响学生的身心及人格健康，由此产生逃学、行为不良、校内暴力、家庭暴力等社会问题，由于激烈的考试竞争，出现一些问题教师、体罚的不良现象。随着社会的发展，我们发现有越来越多的青少年犯罪。而在犯罪的青少年中，后进生往往占了绝大部分。为了防止更多的青少年犯罪，教育好后进生成为教育者的重要使命，转化后进生已迫在眉睫，每转化一名后进生都是对教育资源的节约，都是对社会的一种了不起的贡献。

著名的班主任魏书生老师曾在讲座中十分深情地说道："我觉得如果我能为这个世界多教育出一个好人，或者能让某人多一点真善美的品质，那就是一种贡献、一种幸福，就算不枉此生。如果让国家少一个坏人，或者让某人的思想少一点假恶丑的成分，同样也是一种幸福、一种贡献……我感到从成年人做起太难了，最好的选择是从孩子做起，自然最合适的职业是教师了。"他用"孺子牛"的品格、鲜明的党性、高超的教育艺术、高度的教育责任心教育转化一批又一批后进生，告诫广大教师："把一个后进生转变成才的社会意义，远超过培养一个优秀学生。"

诚然，我们作为教育工作者基于什么原因"教书育人"，这就是"为谁培养人""培养什么人"问题，我们要站在"为党教书，为国育人"的高度，尽可能地把每一个学生都培养成为"社会主义事业的建设者和接班人"。

（二）社会价值

一段时期以来，我们常常发现后进生教育、转化过程中，因为班级的变化、教师的转换，伴随而来的是后进生教育、转化的脱轨，学校对后进生管理也存在失控，违背后进生教育影响一致性的原则和教育影响连续性原则，后进生转化无法得到落实，后进生教育档案没有建立，后进生管理没有列入管理的重要位置，导致后进生教育、转化效率低微，出现了学校管不力、教师教不当、家长稳不住的"三不"恶性循环局面。针对这种现象和"三不"恶性循环局面，我们团队开展了以树立"面向全体学生"为办学宗旨，增强"不求人人升学，但求个个成才"意识，根据系统论观点，以"持续教育，系统管理"为理念，以建立完善"后进生转化运作系统"为机制，强化管理和加大教育、转化后进生强度为目的的"'持续教育，系统管理'后进生"有关课题或项目研究。经过近30年的实践，大大提高了后进生接受教育的效率，促进了教育教学质量提高，为"办人民满意的教育"做出了努力。

四、国内外研究现状及其特点

我们团队通过文献研究，综合考察了国内外的研究资料，总结了后进生教育转化的现状及其特点。

1. 在国外，后进生研究最早起源于1896年美国研究者摩根发现了"词盲"现象并对此进行有关的研究[①]。

到了20世纪初期，随着美国心理学家桑戴克等人引入"Laggards in Our Schools"，后进生进一步进入研究者的视野。20世纪中期，一些心理学家和

---

① 周依伶、熊勤：《国内外学困生研究现状分析》，《锋绘》2017年第三期。

教育家也注意到学业不良现象,他们把研究对象专注于智力正常但因种种原因而学业不良的学生。这时期以美国医生史特劳斯、心理学家和特殊教育学者韦纳及凯夫特等人为代表,他们被认为是后进生(或学困现象)研究的鼻祖,其研究重点主要集中在对儿童及教学的临床实践研究。美国精神病医生奥顿是第一个进行这种研究的医生,他提出了一套训练与教育方法。20世纪60年代后,为便于诊断和分析教学中的各种问题,研究者开始研究教学并提出改进措施。苏联著名教育家、心理学家赞可夫的"教学与发展"试验,主张让孩子身心得到全面和谐的发展;苏联教育家巴班斯基认为,造成后进生学业不良可以归为内外因两个方面,建议教师从思想、基本学习技能以及实际知识的缺陷三方面来对后进生进行教育;美国当代著名的心理学家、教育家布鲁姆认为,后进生学业不良主要是由于教师不正确的学生观和不恰当的教学方法造成的,预防后进生和消除学生学业不良的措施在于教师要相信学生的学习潜力……这个时期,国外研究者主要集中在后进生或学业不良学生特定技能落后模式及其改变研究、后进生或学业不良学生心理特征的探索,尤其是对后进生的界定、类型、特点,以及后进生形成的原因、"矫治"的理论和对策都有较为详尽的论述。

2. 在国内,对后进生的研究起步较晚,20世纪60年代以后才开始,真正引起重视则是在80年代。前期主要是对后进生进行界定,把班级中思想觉悟低、不遵守纪律,经常违反道德原则或者犯有严重过错的,不能完成学习任务的学生视为后进生。随后,有关科研机构和研究人员开始专门从事这一领域的研究,设立了专门研究课题,对后进生的特点及成因进行分析,对后进生的转化方法进行总结,召开专门研讨会、发表了大量的研究论文和相关书籍。戴湘华、吴祥帧、王铁军、徐仁德等人对后进生的心理特点进行了较为详细的经验型或分析型研究;钟启泉以国外后进生研究的理论与实践成果为依据,从原因诊断的角度、治疗的角度、教学论和性格学分析的角度以及预防教育的角度,综合地考察后进生问题,揭示现代后进生概念的内涵,并提出相应的教学方略。近年来,我国在后进生领域的研究已经进入一个新的阶段,研究的重点已从探讨后进生的特点及原因,转变到如何通过教育干预切实改善后进生落后的学习状况,从家庭教育、教育教学、学科教育、认知心理学等多领域入手教育转化后进生；从通过教育转化后进生实现大面积提高教育质量，变为更加深入地探讨如何指导帮助后进生成功地迈入社会等方面做了大量的研究，取得了显著的成效。上海、深圳等地对后进生的研究开展较早且较为系统，在深圳，较早系统地开展后进生转化这一课题研究的有福田教科所主任黄孔辰带领的"成功教育"课题组，他们进行的"成功教育"课题研究成果曾获得国家级教育科研二等奖。

3. 纵观国内外，随着人类进入经济高速发展的时代，随着信息技术的普遍应用，社会也发生着日新月异的变化，这也给我们的教育带来了更多新的问题：一些学生沉湎网络不能自拔，致使无心学业、精力分散、性格孤僻、进步缓慢、沟通能力差，再加上社会种种不良风气的侵蚀、教育手段单一软弱、部分家长教育思想的偏激求速等等，使我们教育人教育转化后进生的难度加大，后进生教育转化问题打上了不同于以往的时代烙印。所以，无论是国外或是国内的研究，在转化后进生的具体途径、方式、方法的创新方面，与当前历史条件下后进生的教育转化和研究的深入开展都有"代沟"。2017年3月15日，百度"后进生教育转化"找到相关结果约2130万个，说明后进生教育转化已受到广泛的关注和重视；百度"后进生教育转化运作系统"只找到与笔者相关的几个结果和相关论文11186篇（百度学术），没有找到准确的词条，而"基于'持续教育，系统管理'后进生教育转化运作系统"更不见他者研究的痕迹，这说明"后进生教育转化运作系统"视角的研究及其成果，目前还无他人涉及。2022年2月4日，百度"后进生教育转化"找到相关结果约2160万个，说明仅相隔5年，"后进生教育转化"相关讯息就递增30万条；百度"后进生教育"找到相关信息2540万条，百度"后进生管理"找到相关信息201万条，这说明后进生教育转化工作还只停留在班级层面，未提升为"学校领导者"层面；百度"持续教育，系统管理后进生"找到421万条相关信息，除了几条与笔者有关的通讯报道和相关论文外，没有找到准确的词条，说明"'持续教育，系统管理'后进生"没有其他人研究的痕迹。

五、后进生产生的原因与甄别分析

学校是小社会,社会是个大课堂,家庭也是个微型社会,这是因为"人,是最大的教育环境"。如果出了后进生,要反思和改变的,其实是教师、家长、社会等赋予教育功能的所有"教育者"自己,包括环境和媒体。后进生是学生个体在社会化进程中自身发展不和谐的反映。尽管教育专家对后进生进行了大同小异的界定,但结合到具体的事例和教育环境,不同的教师对同一类后进生的界定也会因为个人解决问题的能力不同而变得不同。

(一)产生后进生的原因分析

后进生之所以会产生,具有很深的社会根源。笔者以为后进生的主要表现是在学习态度上不端正、学习目的不明确,在思想品德和心理品质上存在失范和障碍,出现违反与其年龄相应的道德准则和纪律,侵犯他人或公共利益的行为,而且具有持续性和反复性,其产生的原因主要有:

1. 家庭教育失误

家长的教不得法、娇严失当是产生后进生的一个重要因素。单亲家庭逐渐增多,父母的离婚也给孩子心灵造成了极大的创伤。

(1)教育方法不当。后进生的家庭大多存在溺爱、粗暴、放任等替代正常的家庭教育。溺爱,让孩子从小就在百依百顺的"温柔"中习惯于"我说了算";粗暴,使孩子在呵斥和棍棒中学会仇视一切"教育";放任,使孩子在"自由"中疏远了棍棒也疏远了感情,养成了懒惰也养成了散漫。

(2)家长行为不正。大家都清楚,"家长是孩子的第一任老师",但我们常常听到或看到这个"第一任老师"却不知不觉地以"负能量"的言行影响着孩子。胸无大志、工作懒散、低级趣味、生活平庸、言谈粗俗、热衷赌博,甚至酗酒吸毒,如此等等都是对自己孩子的潜移默化的"启蒙教育"。

(3)家庭时运不济。真诚、健康、和睦的家庭,不但是孩子生活的温馨港湾,更是孩子健康成长、学习怡情必不可少的良好环境。相反,夫妻经常打架、吵架,无疑会在孩子心中投下生活的阴影,扭曲他们的道德是非观念。

由父母离异而造成的家庭破裂，使一些孩子失去了应有的家庭温暖和教育，心灵的创伤、感情的失落、畸形的教育，使不少孩子渐渐成为学校中的后进生。

2. 社会教育失误

加大对外开放之时，社会主义核心价值观树立之前，社会上的各种不正之风、腐朽思想以及一些不健康的文艺作品、网络电子游戏等也在影响和毒害着学生的心灵。

(1) 商潮如涌的奢靡之风。许多学生面对花花世界，心猿意马，他们觉得学习无用，所以在学习上只是应付而已，平时上课，得过且过、不求上进。特别是各种电子游戏厅的开放，使许多学生沉迷于网络，丧志荒学，偏离了轨道，甚至走上了违法犯罪的道路。

(2) 社会舆论的错误导向。社会上对学校的片面性甚至武断的评价，对"金榜题名"学生的离谱的金钱奖励，单一以升学率作为评价指向，促使达不到优秀标准的学生受到打击，失去学习动力。

(3) 社会风气及行为不端者的影响。形式主义、官僚主义、以权谋私、拉关系走后门等不正之风，使一些是非判断能力低的学生，沿着羡慕、模仿、跟随的路线图堕落。

3. 学校教育失误

有人说，后进生是应试教育的产物。从某种意义上说，也说得通。假如学校片面追求升学率，对学生不断地进行分类、淘汰，而每个学生接受知识的情况不同，致使那些接受能力低的学生不能按时完成教学目标，时间久了，他们便对学习丧失了信心，进而沦为后进生。当然，还有部分教育者的认识不到位而进行差别教育，主观给学生定性。即使是那些在行为、学习和身体心理等方面存在障碍的特殊学生，教育专家也不提倡对他们进行差别教育，而是主张随班跟读。

(1) 教育方式的不当。我们团队在与学生访谈以及与家长交流中，发现相当一部分的后进生和家长诉说，他们从小学起就被老师冷落、辱骂，甚至体罚。虽然学生也都认为"这是老师为我好"，家长也觉得"替我们家长教训"，但其后果都将使学生丧失了自己，丧失了自尊，或多或少地在他们心中播下了对教师叛逆甚至敌意，乃至对教育的抵触甚至敌视的种子。

（2）教学方法的失误。单向传输式的教学让学生成为机器，"一刀切"作业与考试让一部分学生愈加失去继续学习的信心，"齐步走"的教学进度让"因材施教"的优良传统日渐遗失，不断积累的学习成绩差异使越来越多的学生沦为后进生。

（3）学校管理的失策。人们常说："失败是成功之母。"但对相当多的后进生而言，失败是失败之母。面对他们第一次"失败"，教育者并未予以应有的心灵抚慰和学习帮助，致使沉重的自卑感成了第二次失败的前奏。如此恶性循环，本来可以学得不错的学生，却成了教师眼中的"瘟猪子"。

4. 个人操守失范

学生自身没有端正好学习态度，没有刻苦进取的精神，更没有改正缺点错误的自信心与毅力，加上学生思想上理解的偏差和误区，对学校的教育产生逆反心理、对教师和家长的循循善诱视若无睹，不愿接受教师和家长的正面引导，甚至公开对立。有的学生不但没有形成良好的心理品质和习惯，还沉醉于低级趣味的东西，甚至接受完全错误的东西，知错不改，胡作非为，破罐子破摔，自甘堕落。

（1）街头结交。不正当的交友，因而染上社会恶习，是一些孩子成为后进生的重要原因。

（2）身体状况。体质较弱或身体某方面的疾病，自然会导致孩子的学习成绩不佳，以致成为后进生。

（3）智力状况。个别学生反应迟钝、接受能力较弱，也是他们学习落后的原因。

当然，我们作为教育工作者，在研究后进生时，本着宏观、系统、宽视野、全覆盖地思考后进生产生的可能背景，绝不是推卸责任和拉谁垫背。相反地，我们应该也必须把着眼点放在学校教育方面，促使每个学生都能健康和谐地发展是教育工作的任务，更是广大教育工作者义不容辞的责任。对教育工作者来说，防止和减少后进生的出现，做好后进生的转化工作应是不可推卸的责任。

（二）后进生甄别及其分析

班主任或教师了解原因后，必须甄别和深入分析，以便采取相应的解决措施。实际上，分析后进生产生的原因，我们就会发现不同的划分标准，会产生不一样的类型。

1. 横向：按照问题类型可分为行为不良型、态度厌学型、心理障碍型、品德失范型、隐性双面型五种类型的后进生

（1）行为不良型后进生：这类学生站没站样，坐没坐样，没有礼貌，不懂规矩，迟到早退，往往知错认错，但是屡教不改。时而小说小动，时而爱接下茬，作业马马虎虎，劳动磨磨蹭蹭，五分钟热度，不积极参加集体活动。

（2）态度厌学型后进生：这类学生对有关学习的话题过敏，老师同学一提起学习他就烦，家长一提作业、考试他就急，主要表现就是不怎么学习，不怎么听讲，不写作业，一上课就蔫，一下课就来精神，主要精力都用在非学习方面，追时髦发型服装、拼命消费、迷恋网络等，有辍学的倾向。

（3）心理障碍型后进生：这类学生存在自闭、自恋、忧郁、退缩、躁动等心理方面的不良情况，还伴有攻击行为，无法集中注意力，多疑，无法与他人沟通。多数学习成绩不好、品德方面无劣迹，通常性格外向者有纪律问题，内向者不违反纪律。他们的行为违反常态，思维方式与众不同，不符合一般学生的逻辑，令人费解。

（4）品德失范型后进生：这类学生经常打架骂人，欺负同学，劫钱，小偷小摸，抽烟喝酒，与异性有不正当交往，离家出走，不孝顺父母。多数学习成绩不好，纪律不好。一般来源于破碎家庭、道德不良家庭、家庭教育严重失误家庭，还往往有小群体，而且和社会上的不良分子有联系，具有一定的破坏性，教育转化起来有难度。

（5）隐性双面型后进生：这类学生是"隐性双面"的，具有双重人格，自我消失，自我中心，虚荣心极强，抗挫折能力极差。如果学校领导和老师没有相当的睿智和洞察力，没有足够的教育经验和社会阅历，根本无法看出他们是后进生，相反，会认为他们是令人满意、令人放心的好学生。他们的毛病处于隐蔽状态，爆发时，很可能惹出大事。

2. 纵向：按照问题程度可分轻度、中度、重度三种类型的后进生

（1）轻度后进生：这类后进生生活学习基本能随上大流，对集体没有很大破坏作用，老师的教育时有效果，家长没有完全失控。他们的问题，班主任可以用个案诊疗与常规教育手段结合的方式解决。

（2）中度后进生：这类后进生对学校生活已经很不适应，跟不上多数同学，心情焦虑痛苦，对集体破坏作用较大，抵触教育，但是心还没有完全离开校园。家长基本失控。这种后进生的问题，常规教育手段不起作用，光靠班主任进行个案诊疗也难以解决，需要学校介入、专家指导或介入。

（3）重度后进生：这类学生经常徘徊在学校与社会、学校与家庭之间，或三天打鱼两天晒网，或已经辍学，心已经不在学校。家长完全失控。这种后进生的问题，不但班主任，即使学校也已经很难单独解决，需要社会工作者、医院、公安机关介入，专家诊疗。

3. 抽象：按照要素"品德、学习、智力"和"良莠"组合可分七种类型的后进生

要素/类型	1	2	3	4	5	6	7
品德	A	A	B	A	B	B	B
学习	A	B	A	B	A	B	B
智力	B	A	A	B	B	A	B
解读（A为良、B为莠）	品良学良智莠	品良学莠智良	品莠学良智良	品良学莠智莠	品莠学良智莠	品莠学莠智良	品莠学莠智莠

（1）AAB型后进生：这类后进生思想进步，学习踏实、认真，自尊心强。但是，他们往往显得思维迟钝，认识问题呆板，不够灵活，缺乏"才气"。他们优秀的学习成绩，完全是靠勤学苦练得来的，而不是靠聪明才智得来的。但随着年级的增高，知识难度的增加，学习就越来越感吃力；抑或随着作业、考题的灵活度增加，成绩就断崖式下坠。

（2）ABA型后进生：这类后进生对学习不感兴趣，甚至把学习视为负担，但对人、对工作则表现出极大的热情和责任心，并有较高的组织、活动能力。他们的学习成绩不好，并不是由于智力因素引起的，而是由于不能正

确处理工作与学习、思想政治表现与学科学习的关系所致。

（3）BAA 型后进生：这类后进生头脑聪明，反应迅速，学习成绩好，并善于应酬，能说善道，在一部分同学中有一定威信，然而这类后进生常表现出对集体的不满情绪，有对抗教师权威的心理。

（4）ABB 型后进生：这类后进生反应迟钝，学习成绩差，有较强的自卑感，但他们都是品行端正、忠实肯干的"实干型"学生。

（5）BAB 型后进生：这类后进生一天到晚埋头于读书，对学习抓得很紧，因此学习成绩较好，但对其他事不感兴趣，不愿参加集体活动，缺乏组织观念，学习目标狭窄，缺少系统、长远和计划性，把分数和名利看得过重，嫉妒他人取得的成绩和进步，不善交际，个性孤僻，以自我为中心，不愿与别人交流学习经验和方法。

（6）BBA 型后进生：这类后进生机敏灵活，潜力很大，但唯独对学习不感兴趣，甚至感到厌烦，得过且过，把学习视为一种精神上的负担，为完成任务而整日混。他们往往是一些"有聪明智慧不往正道上用的'歪才'学生"。

（7）BBB 型后进生：这类后进生学习成绩低劣，兴趣不稳定，不通情理，行为乖张，智力滞后。

诚然，后进生是一种客观存在，精准甄别后进生有利于教育转化后进生，便于"对症下药"，而非把后进生这块牌子钉在他身上或在他明显的部位烙上一个大大的记号，让人们看他就像看案板上的钉子一样一目了然，因此，给后进生分类仅仅是老师心中有数，而非"昭告天下"，属于"只可意会，不可言传"，把后进生信息告知非后进生的是不道德的。

六、运作系统的构建与完善

找准"症结"，才能对症下药，药到病除，后进生教育转化更是如此。如何对这些后进生进行教育呢？笔者以为，"构建运作系统"可以增强教育转化后进生的针对性、有效性。

（一）分步推进，初建运作系统

1992年，笔者时任副校长兼少先队总辅导员，学校的德育工作重任在肩，研究后进生转化工作变成分内事，通过利用自己的德育团队、班主任队伍、少先队辅导员队伍设立专题研究，采用边研究边实践的方法，连续不断地推出一些富有个性、有效、易于操作、深受班主任喜欢的做法。我们先是向班主任、科任教师推出"后进生呈报表（期初）"和"后进生教育转化汇报表（期末）"。

后进生呈报表

（　）—（　）学年度

班级＿＿＿＿　班主任＿＿＿＿　科任＿＿＿＿　填表时间＿＿＿＿

姓名	出生年月	学习现状	行为现状	性格特点	特长爱好
学校认定意见					

后进生教育转化汇报表

姓名	期初成绩			期末成绩			奖惩情况	其他学科学习情况对比
	语文	数学	行为表现	语文	数学	行为表现		
验收结果	转化率			年段长意见			教导处意见	校长意见

1994年，笔者担任校长，就把这项工作突显出来。为了加强过程管理，又推出"后进生转化跟踪卡"和"后进生家校联系卡""科任教师因材施教记录表"，至1997年，整个系统架构基本完成。

后进生转化跟踪卡

班级_____ 班主任_____ 科任_____ 行政（党员）包干_____

学年初基本情况	姓名			性别		家庭住址		电话	
	学习成绩	思品	语文	数学	自然	社会	乡土	健康教育	活动

转化过程描述	学习情况折线图	优/良/及格/待及格 九宫格：9月 10月 11月 12月 1月 2月 3月 4月 5月 6月 7月	（学期）学年学习总结定论
	行为表现折线图	优/良/及格/待及格 九宫格：9月 10月 11月 12月 1月 2月 3月 4月 5月 6月 7月	（学期）学年行为表现总结定论

后进生家校联系卡

时间、地点	情况通报栏	措施	教育反馈栏
	家长或教师_____	家长或教师_____	家长或教师_____

科任教师"因材施教"记录表

年级_____ 学科_____ 教师_____

时间	学生姓名	课题	方法与策略	效果

"后进生教育转化运作系统"建构后，我们召集学生代表、家长代表、有关行家及课题组成员，举行专题研究听证会，得到了与会者的认可与赞赏。在一次督导评估中，县督导室的陈绍顺主任、教育局初教股曾华栋股长等对此怀有浓厚的兴趣，鼓励按照既定的思路、专题研究计划继续研究，并建议在县《德育通讯》分期刊载、出专题研究专辑供德育研究片区传阅与交流。此后，他们每逢省、市教育行家来岚、校检查或指导，均要求学校汇报该项

工作，赢得省、市教育行家的认同、赞赏与指导。1998年9月开始，笔者在广泛征求校务委员会的意见后，做出了全面实施的决定，专题研究与实践进入了新的阶段，并总结出"'持续教育，系统管理'[①]后进生教育转化做法"，还在全县交流和推广。

（二）与时俱进，调整运作系统

2009年，笔者自辞校长改任书记后，依然一直在推进这项"持续教育，系统管理"教育转化后进生做法的研究和实践。2016年3月，笔者针对教育新常态，特别是教育引入了"立德树人""社会主义核心价值观"及"互联网+""心理干预""核心素养"等各种现代元素后，该系统的运作在实践中遇到困惑和瓶颈，便开始对"后进生教育转化运作系统"进行反思，开展了"基于'持续教育，系统管理'后进生教育转化运作系统的实践研究"课题研究[②]。

1. 课题研究小组在原"运作系统"图上进行反思与修正，注入"信息技术"与"互联网+"以及"心理疏导"元素（如下图）。很明显，重建后的系统图增加了新的元素，在"后进生认定"和"结果验收"环节都增加了"心理测试"，在"跟踪教育"环节除了增加了"互联网"外，还将半期和学期的"学科竞赛与行为评价"变更为周观测、月小结的"学习评价、行为评价、心理评价"，从而使后进生教育转化跟上时代节拍。

2. 课题研究小组将运作系统配套表册进行了重新审视与修订，主要有：

（1）在后进生申报与认定环节，将"心理"元素融入，修订"后进生呈报表"，增加了"心理现状"（如下表）。后进生认定前要进行"学习、行为、心理"现状的摸底或观测，"学习现状"摸底是以年级为单位，以现行教材基本题为依据，以"核心素养"为价值取向组织相关的竞赛，及格的学生均给予评奖，待及格的学生不评奖，且根据及格率、优秀率的平均值评出团体奖。

[①] 陈敬文、林聚金：《持续教育，系统管理——建立后进生教育转化运作系统的实验报告》，《现代中小学教育》2000年第4期。

[②] 陈敬文：《基于"持续教育，系统管理"后进生教育转化运作系统的实践研究》，《福建教育研究》2017年第3期。

把"心理"素质和"道德银行"等元素融入竞赛中,将原来只有"语、数"学科改为"语、数、综合",并通过"道德银行"把行为评价具体化。学科成绩、行为习惯、心理状态均不达标的学生经面试后确认为后进生。

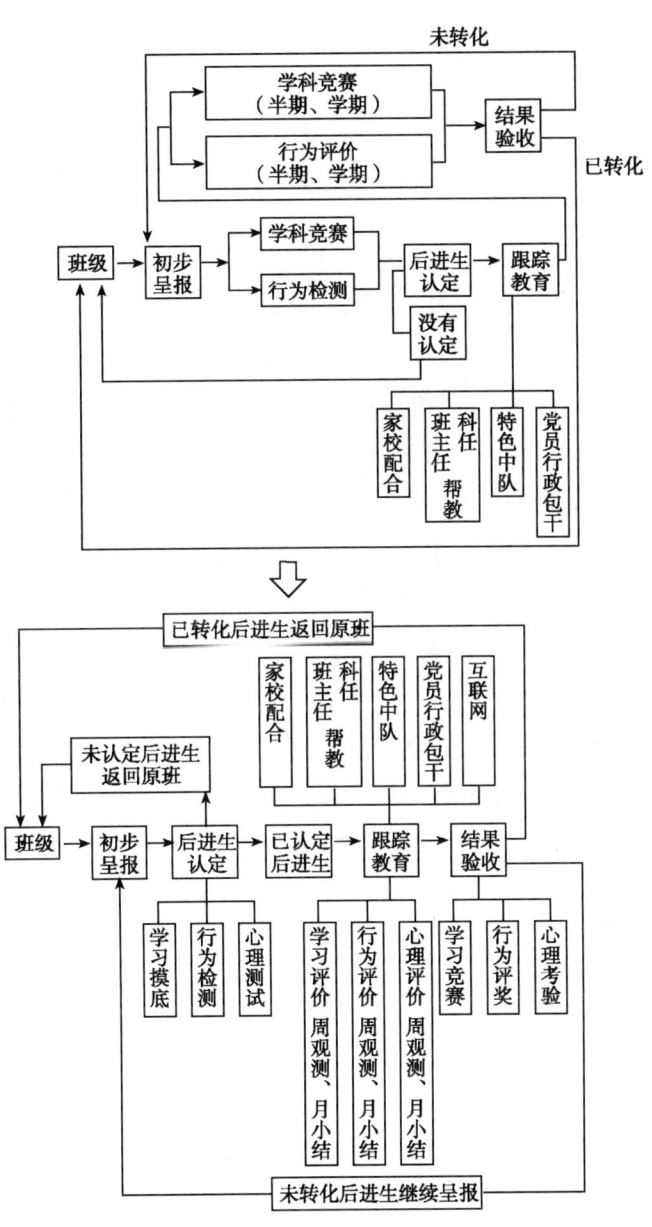

后进生呈报表

（　　）—（　　）学年度

班级＿＿＿＿　　班主任＿＿＿＿　　科任＿＿＿＿　　填表时间＿＿＿＿

姓名	出生年月	学习现状	行为现状	心理现状	特长爱好
学校认定意见					

（2）在跟踪教育环节，围绕"管理五项目"和"教育三内容"进行相应的完善与改进。因为"跟踪教育"是整个运作系统的核心部分，所以完善与改进的项目与内容显得突出。修订的侧重点主要放在"改教育事后记录为提前计划性"和"心理健康""信息技术""互联网＋"和"道德银行"等元素的注入，将"学习、行为评价每学期进行一次考核"改为"学习、行为、心理周观测、月小结"的动态评价，将"道德银行"元素融入其中，让行为的加减分在"道德银行"的收支中呈现行为在道德水准的形态。

首先，我们"改教育事后记录为提前计划性"，把原来的科任教师"因材施教"记录表改为"教师教育后进生计划"（见下表）。在内容上似乎没有什么变化，但前期是随机性的，可能导致教师忽略，而改进后，"因材施教"成为必须，是规定动作，优秀的教师还可以在计划的同时，根据教育实践相机增减相关内容，让教育更有针对性、有效性。

教师教育后进生计划

（　　）—（　　）学年度第（　　）学期

班级：　　　　学科：　　　　制定者：

姓名	项目	提高学习成绩策略	转变行为措施	因势利导办法	发挥特长途径

其次，为了及时记录"学习、行为、心理周观测、月小结"的动态评价过程，我们在原来的"后进生转化跟踪卡"基础上，增加"心理评价周观测、月小结"项目（如下表），并通过特制的软件生成"组合轨迹图"（见下图）

以便存档和向学生家长报告之用。

后进生转化跟踪卡

班级_____ 班主任_____ 科任_____ 行政（党员）包干_____

姓名			性别		家庭住址		电话	
学习现状（等级___）				行为现状（等级___）			心理现状（等级___）	
转化过程描述	学习情况折线图	优 良 及格 待及格 9月 10月 11月 12月 1月 2月 3月 4月 5月 6月 7月					(学期)学年要点描述	
	行为表现折线图	优 良 及格 待及格 9月 10月 11月 12月 1月 2月 3月 4月 5月 6月 7月						
	心理情况折线图	优 良 及格 待及格 9月 10月 11月 12月 1月 2月 3月 4月 5月 6月 7月						

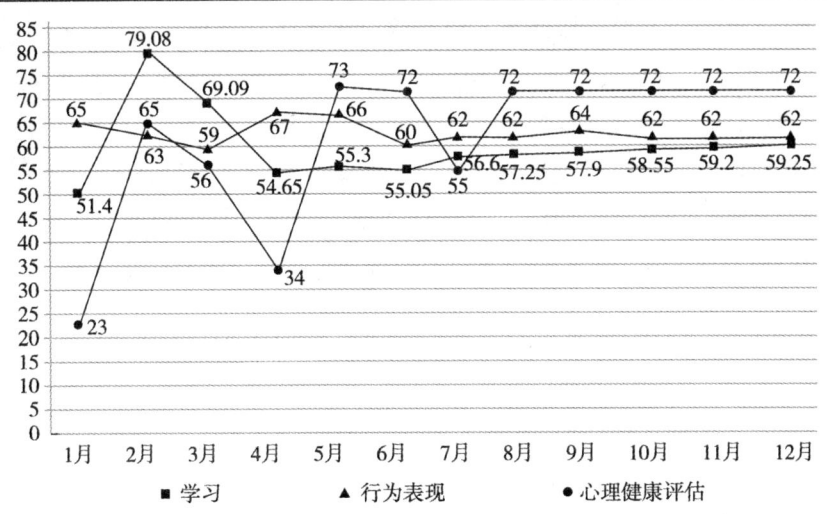

最后，在跟踪教育"管理五项目"中，我们建立机制，动员一切力量，通过五步实现"齐抓共管"。第一步，家校配合，配备专用表格，供所有参与人员使用，前期只提供给班主任使用，后期加上"科任、帮扶老师、行政（党员）包干"（见下表）。第二步，班主任、科任教师"帮扶"，强调既要有课堂教学的"因材施教"，也要有日常的"因材施教"。第三步，组建特色中队，后进生队组织实行双轨制，除了参加常规的队活动外，也参加特色中队活动，以"趣味、益智、健体"为主题由少先队专人负责开展活动。第四步，实行党员、行政教育后进生责任制，每人负责帮教1—2名后进生，主要通过交流谈心、行为观测、调查访谈、参与家访、协助家校沟通、解决疑难问题等协助帮扶后进生。第五步，嵌入"互联网+"，由特制软件生成的"组合轨迹图"通过微信或QQ将后进生良好的学习成绩、行为表现、心理健康向好报告给家长，及时把有关信息告知相关教师，以便及时调整教育转化策略和措施。

后进生家校联系卡

班级＿＿＿＿＿ 班主任＿＿＿＿＿ 科任＿＿＿＿＿ 行政（党员）包干＿＿＿＿＿

时间、地点	情况通报栏	措施	教育反馈栏
	家长或教师＿＿＿	家长或教师＿＿＿	家长或教师＿＿＿

（3）在结果验收环节，我们规定了以学年或学期为验收时间段，由班主任交年级组长汇总，统一向学校提交验收报告，学校统一组织相关验收活动。对在验收活动中，学习成绩合格、行为达标或"道德银行"现存"指数"不小于"0"的，心理健康均为"正常"以上，就视为已经转化。当然，我们从下表中可以清楚地看出，前期的"后进生教育转化汇报表"和当下的"后进生教育转化结果验收"设置的栏目不一样，前期主要关注"语文、数学、行为表现"的转变情况，后期则全面评估"学习现状、行为现状、心理现状"与申报时的对比，这跟学校领导深化素质教育的思想与意识有很大关系。

后进生教育转化结果验收

班级_____ 班主任_____ 科任_____ 帮扶教师_____ 行政（党员）包干_____

姓名	学习现状		行为现状	心理现状
验收结果	转化率	年段长意见	教导处意见	校长意见

3. 植入新元素，创建新标准。"社会主义核心价值观"和"核心素养"的引入，对后进生的行为判断、学习的测定、心理的疏导等都必须重新审视。为了避免后进生呈报出现班主任与科任教师意见不统一的现象，拟将后进生依不同学科的成绩和行为表现，由班主任与科任教师分别呈报，学校根据教师呈报，组织学科竞赛和行为检测，对后进生予以认定。认定的后进生进入系统进行教育转化，未认定的后进生回班级由班主任、科任教师实行常规教育。

认定的后进生均建立档案，实行每人一张跟踪卡，交给年段长、班主任、科任教师进行跟踪教育，少先队组建特色中队、心理咨询中心，定期开展心理疏导。校领导、党员与后进生挂钩，建立责任制，每人转化一两个后进生。这样，学校、年段、班级都关心后进生、爱护后进生，形成立体管理体系。

4. 引入"互联网"，传递"正能量"。后进生教育转化是"波浪式"的过程，我们不但要阶段督促、及时导向，还要不断变换教育方式反复教育与引导、奖励与惩戒。项目建设拟引入"互联网＋"元素，通过"班班通"家校联系、微信、QQ等与家长、后进生实施点对点联系，及时了解学生学习状况的改变情况，认真分析每个后进生的转化程度。对转化的后进生给予表扬，对没有转化的后进生给予鼓励，及时给他们提出存在的问题、努力的方向。同时，对于后进生的行为表现也通过阶段总结与评价让他们及时得到督促与导向。通过学校、年段、班级三级的阶段通报，使后进生的教育转化力度得到加强，尤其是学习、行为有明显进步的后进生，通过校级的及时表彰，更能使他们的进步态势得到发展。

5. 结果验收严谨，实施动态管理。后进生进出"运作系统"采取动态管理，后进生思想进步了，行为规范了，就退出后进生"运作系统"，学习成绩提高了，也退出后进生"运作系统"。对退出"运作系统"的后进生给予表扬、奖励（学校设立"素质奖"，单列"进步奖"，当各类优秀学生受到表彰时，后进生也受到了表彰）。对于进步显著的后进生，学校还通过"喜报"的形式向家长报喜，以取得更好的效应。对转化后进生成绩显著的老师，也给予表扬、奖励。

（三）历久弥新，完善运作系统

随着"基于'持续教育，系统管理'后进生教育转化运作系统的实践研究"的结题及其示范项目的完成，我们的团队以"持续跟进"的韧劲思考着如何把研究继续深化下去，适逢福建省教育厅倡导"示范项目组"要深入贯彻落实全国和全省教育大会精神，坚持以习近平新时代中国特色社会主义思想为指导，全面贯彻党的教育方针，落实立德树人根本任务，进一步巩固建设成果，持续深化推进，要注重成果转化、推广运用，形成特色与品牌。2017年8月，"通过'持续教育，系统管理'，转化后进生的教育实践策略"入选福建省中小学德育建设"十佳百优"示范项目。该项目围绕着"通过'持续教育，系统管理'转化后进生的教育实践策略"视角探索新路，着力突出以"立德树人"为宗旨、以"发展学生核心素养"为目标、以提高教育转化后进生效益为目的，在"持续"上完善教育系统性，在"系统"里增强管理操作性，以便在继续坚守"持续教育，系统管理"的理念下，实现提炼与创新转化后进生的教育实践策略的目的。

项目组在原"运作系统"图完善的基础上进行创新与提升，着重体现"持续教育，系统管理"理念，接续了"学段衔接"的途径，除了小学阶段的"学段衔接"，更是关注了六年毕业后的"学段衔接"，构建了九年义务教育阶段的系统体系。

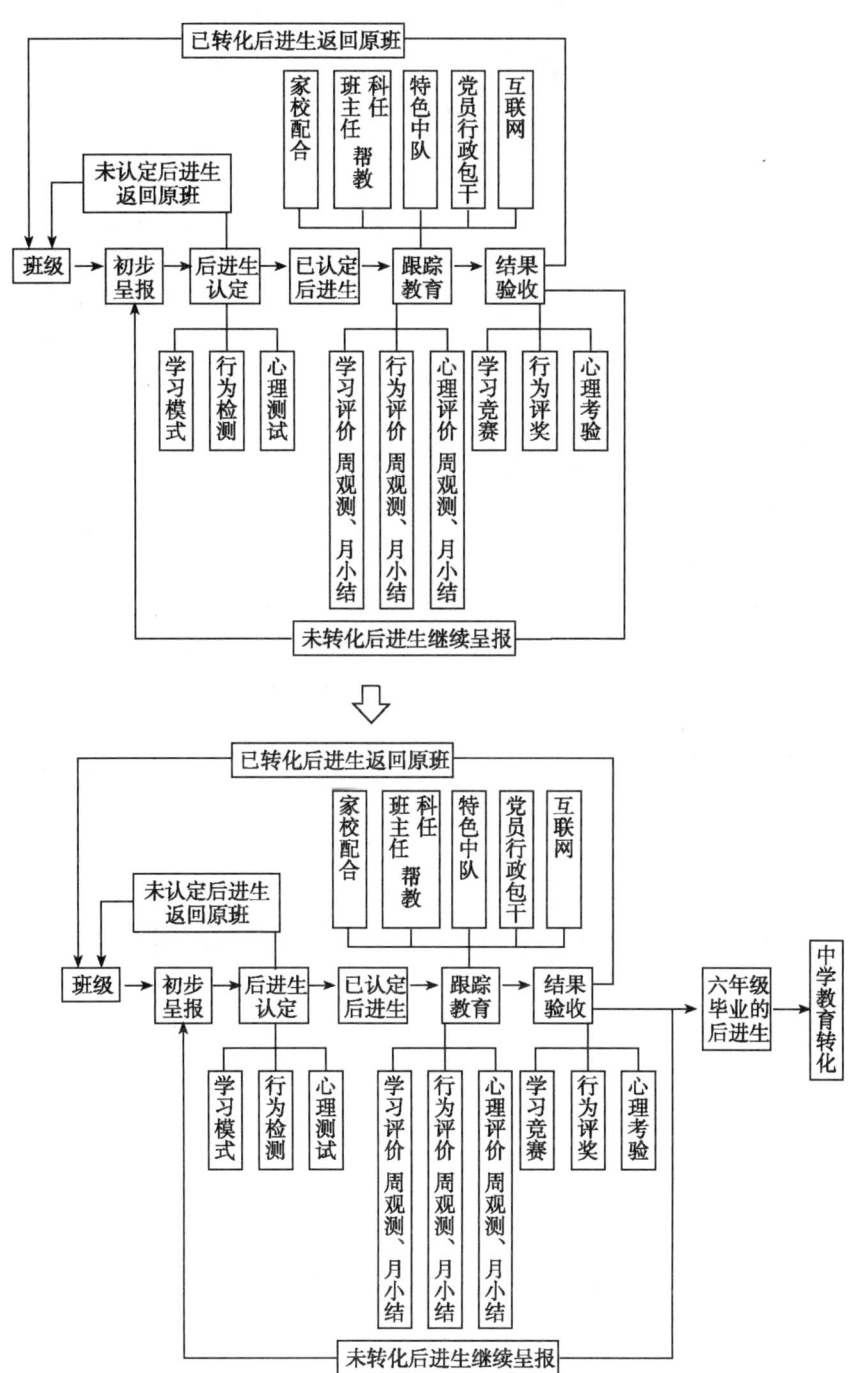

同时，在教育转化过程中，除了"跟踪教育"串联外，项目组动员一切力量，通过"五个联合"的并联，实现"齐抓共管"局面。即家校配合，各科教师人人参与对后进生的"因材施教"，少先队组建特色中队针对性开展活动，党员和行政人员个个都有"责任田"（每人负责帮教1—2名后进生），学校内部机构联合（德育处在扶志中促恒，教导处在提智中联动，少先队在扶志与提智中促恒）。

七、教育转化策略的提炼

后进生教育转化工作是教育补短板绕不开的"坎"，事关立德树人的成效、教育高质量发展的大局，直接影响到课堂教学质量。而后进生向好演进是一个漫长且复杂的过程，教育转化后进生更是十分艰难的工作。当后进生通过"申报"，经"测试与审核"确认后，我们教师还无法"对症下药"和"靶向施策"。这是因为：不同的后进生有不同的缺项和个性，不同的老师呈报的后进生立足点也不一样。同时，后进生的形成原因多种，类型多样，不经过认真分析、甄别，找准症结，就很难找到教育转化的突破口。因此，笔者以为"通过'持续教育，系统管理'教育转化后进生的策略"可以精准、高效地教育转化后进生。

（一）全纳教育达成"识"：以"共识"为前提，凝心聚力宽容接纳

早在20世纪90年代，联合国教科文组织就提出了"全纳教育"教育理念。所谓"全纳"，顾名思义就是全部接纳，就是指义务教育阶段的学校要接纳所有的适龄儿童，而不论其社会经济背景、种族、文化、身体、智力等方面的差异；主张教育要关注每一个学生，要促进所有学生积极参与学校的学习和生活。全纳教育以覆盖所有学生为共识，我们的学校、我们的班级都应该创造出一种全纳的氛围，在这种氛围中，每个学生受教育的权利都有充分的保障，这里自然包括后进生。

要教育好后进生，首先要求我们教育工作者全员要同心，学校校长、教

导主任、年级组长、班主任以及学科老师都要坚持"全纳教育"理念,都能用全面发展的观点认识和看待后进生,这是教育转化后进生的前提。我们要牢固树立"全纳教育"思想,为后进生逐步创造条件,满足后进生的各种不同需求。

诚然,我们知道"出水的荷花有高低""手指有长短""同母的子女性格亦各不相同",我们前文已对后进生进行了"横向、纵向、抽象"分类,从中可以看出,后进生所表现出来的学习程度、思想品德、道德行为、性格特征等千差万别,我们首先要"全纳教育",然后根据后进生不同特点因材施教。切不可戴有色眼镜,认为后进生一无是处,片面地放大后进生的缺点,抹杀后进生的闪光点。

我们应具体问题具体分析,找出病因,对症下药,在教育转化的过程中,及时掌握后进生的思想动态、行为变化,及时采取有效措施,才能做到因材、因时教育,做到一把钥匙开一把锁。教师只有深入了解和研究后进生的心理特点,才能消除他们的疑惧心和自卑感;教师只有仔细揣摩后进生的心理需求,才能提高他们明辨是非的能力;教师只有准确把握后进生的心理倾向,才能帮助他们树立崇高的理想和伟大的抱负。

林晓小属于"抽象"的BBB型后进生,学习一直跟不上,经常迟到,但不早退;上课不专心听讲,好动,但不捣乱,常与同学争吵、打架。老师找其谈话或批评他时默不作声,对抗情绪强烈。老师刚接触他时,就失去了教育他的信心。随后,根据学校的安排和督促,老师又几次找他谈话,仍不见效,开始排斥这名学生,动不动就斥责他,导致他逃学三天。后来,老师从家访中得知:学生的父亲在老家经常酗酒,赌钱,欠了许多钱,他母亲瞧不起父亲,已离家出走。他父亲带着他到这里打工赚钱还赌债,白天要去建筑工地挑水泥,晚上替人疏通下水道,晓小经常一个人在家,一日三餐除了早餐他父亲给他煮好,午餐和晚餐都是自己安排。好多次,放学回家,家里没有东西吃,就饿着肚子睡着了。晓小因其家庭情况为同学所了解,自己觉得在同学面前丢人现眼,抬不起头。打架是因为同学给他起"没人管"的外号。现在总觉得老师和同学都看不起他,所以不想读书了。老师了解了这些情况后,内心自责,向校长检讨并寻求帮助。校长当即带着分管副校长、教导主任和老师向晓小的父亲说明了学校的关切并对没有及时了解实情表示了自己的愧疚，表达了对晓小的同情。作为主角的老师，先是因自己误解而斥责晓小表示了歉意，然后又对他上学后不早退、上课不捣乱、爱好文体活动、经常自己煮饭做家务等优点大加赞赏，使晓小的心理慢慢恢复了平衡，抛开顾虑，答应重返学校上课。晓小的父亲也因此进行了自责并向校长、老师致歉，答应从此以后会多关心晓小的学习和生活，承担起监护人的责任，保证晚上先回家煮好饭，安顿好晓小的吃饭、作业后再出门加班。晓小回校后，老师又说服与他闹意见的同学向他道歉，校长安排了一位党员、优秀的体育老师协助帮扶，分管副校长也保证每周找他谈心一次，少先队总辅导员也提出了"特色中队"应对的活动方案，班级学习委员自告奋勇答应经常教他做作业。这位老师从此以后对晓小的作业批改得特别详细，上课时特别关注他，尽量让他回答问题，并每天抽出半个小时辅导他的功课，对他的每一个进步都及时给予表扬，使他真切地感受到老师、同学的关心，感觉到集体的温暖。慢慢地，晓小变得遵守纪律、勤奋学习了，成绩也逐渐提高，考试成绩由 60、65、70、75 分逐步递升，有一次竟然达到 80 分了。

当然，林晓小教育转化成功不仅是校长、有关老师及学生的功劳，跟晓小学习、生活的集体环境也有很大关系。后进生必须融进班集体之中，同班集体一起前进。一个团结友爱、奋发向上的班集体，既是后进生矫正的熔炉，又是后进生实现转化、走向进步的摇篮。班主任在教育和转化后进生中起主导作用，但一个人的能量总是有限的，必须树立良好的班风、发挥集体的力量，使后进生身处一个团结友爱、融洽和谐的环境和氛围之中。

（二）系统管理聚焦"联"：以"联动"为特征，"三位一体"齐抓共管

后进生的教育转化免不了家庭、社会和学校的影响，每个学生都是立体交互的结合体中的一员，后进生的教育转化工作需要各方面的联动，实现以"联动"为特征的齐抓共管局面。教育转化后进生，学校要坚持与家庭、社会联动，构建"三位一体"教育机制，这里的联动是多角度、全方位的，有人与人的联动、人与环境的联动、环境与环境的联动等。人与人的联动：学校

内部班级学科老师要联动，班级间要联动，班级与学校中层机构间要联动，所有具有教育功能的教职员工都要参与、都要在其间联动。这样，通过多元联动，形成合力，建构系统管理的体系。

我们团队通过近 30 年的研究和实践，成功构建了"后进生教育转化运作系统"，通过运行机制的各个环节的有机联动，确保了对后进生"持续教育，系统管理"。

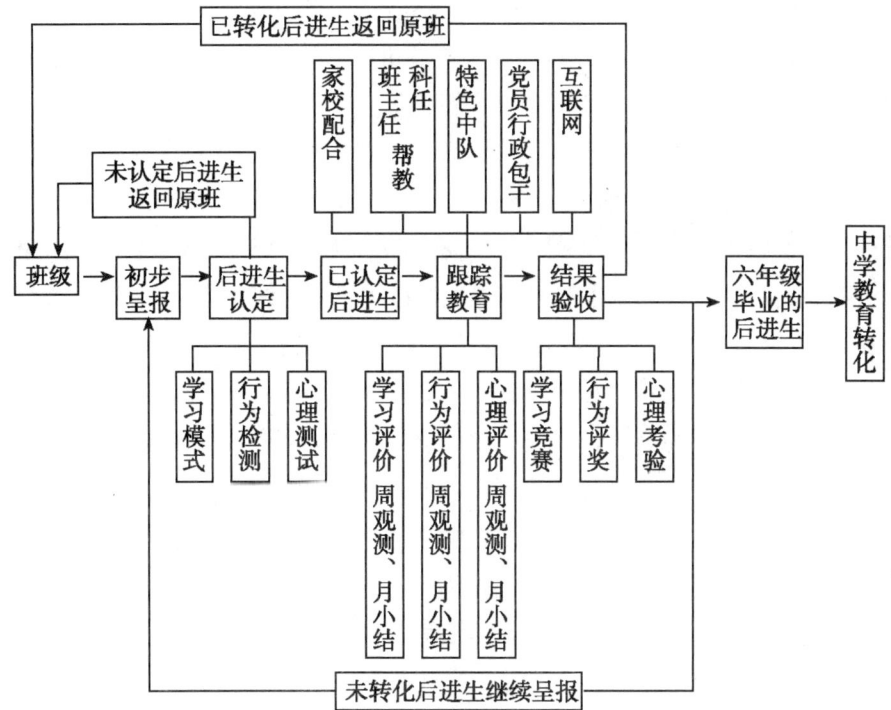

从运作系统图中，我们可以清楚地看出后进生教育转化工作从认定、跟踪教育、转化结果验收到六年级毕业后的成果移交，环环相扣，循序渐进，系统联动，一以贯之地践行了"持续教育，系统管理"理念。

1. 后进生不是随意指定的，而是通过"申报"后"认定"的，后进生的认定不是主观武断的，而是通过"学习摸底、行为检测、心理测试"，最后由学校认定组"确认"，实施"因材施教"的个性教育和"立体式"跟踪管理。同时，标示"未认定"要返回"原班"（实际上，认定的后进生也都在原班）实施"常规教育"。

31

2. 跟踪教育是"后进生教育转化运作系统"核心部分，这里既有班主任与所有科任老师的课堂教学的"因材施教"、日常辅导的个性教育等"帮教体系"，也有"学习评价、行为评价、心理评价"的规范；既有"党员行政包干"帮扶、"家校配合"齐抓共管，也有互联网的协同推进；既有小学阶段的"持续教育，系统管理"体制机制，也有对未转化的后进生实施"毕业后"再教育的"告知"（必须有保密协议）机制，确保后进生教育转化不间断。

3. 通过对后进生产生的原因和后进生类型进行分析，我们知道，造成后进的原因是多方面的，后进生的类型是多角度立体性的，因此，我们教育转化也必须有相对应的应对措施。教育转化后进生需要调动一切积极因素，横向上，学校教育要与家庭教育、社会教育协调配合，构成后进生教育转化的"三位一体"，这里要特别强调，离开了家长的支持与配合，学校教育永远只能是"一条腿走路"，这样必然导致"事倍功半"。所以，"运作系统"中家校配合有专门的"家校联系卡"和后进生明显进步"折线组合图"（通过微信或APP发送），确保班主任经常与家长取得联系，通过家长了解后进生的全貌，家校形成合力，才能有的放矢地进行有效的教育转化。因此，我们每个教师都要重视对后进生的家访，以便了解更多的情况，特别是了解后进生的主要心理障碍，这样可以和家长互通情况，共同帮助后进生排除心理障碍，对症下药，以便达到转化的目的。大多数的后进生是留守学生，由于缺少父母的管教，养成很多不良习惯，但我们作为班主任、老师，要主动担负起教育转化的担子，要下功夫，要有耐心，最大限度地挽救、教育他们。

诚然，在教育转化后进生问题上，校外教育和校内教育配合得不够由来已久，一方面，学校苦口婆心地教育后进生；另一方面，社会上不关心和讽刺后进生的现象比较普遍。应该认识到，后进生转化工作是一项系统而复杂的工程，单靠教师、学校的力量是不够的，还要充分利用家庭、社会等的教育力量，为此，在后进生转化过程中，既要充分发挥学校主导作用，又要充分利用校外因素对他们的积极影响。班主任应当主动与家长取得联系，及时通报后进生在学校每一个阶段的表现、学习情况（以报喜为主），适当引导家长采取正确的教育方式方法，要求家长配合学校，开展适当的家庭教育，并主动向教师反映子女在家的情况。此外，还应充分利用社区的管理机构和社会的教育功能，协助管理教育好后进生。

家长陈某因犯"季节性"精神病，常常让本属于"智力型后进生"的孩子嘉华无所适从。嘉华刚上一年级时，上课不听讲，经常作业乱写一通，在一次考试中语文得了30分，数学得了28分。这下可急坏了陈某，对儿子进行"热处理"：上课不听话，回家打一顿。作业不完成，不准吃饭。这么一打一不准，似乎上课认真了，作业完成了，可原来有说有笑的孩子变成"沉默寡言"了，见了老师远远躲开，遇到同学低头不语，连最贴近的妈妈都难得听见她主动讲上两句话。后来，班主任老师多次跟家长交换意见，跟他讲低年级学生的性格特点，还教他一些管教子女的方法，引导家长要坚持正面教育为主，多关心、爱护孩子，多陪孩子谈心。还通过社区干部出面，请求邻居或亲戚在陈某"季节性"疾病来临时暂时收留嘉华，以保证有个好的学习环境，尤其是免受"热处理"……后来嘉华变得爱学习了，对老师和父母也很尊敬了，在第二学期考试中，语文、数学分别考了76分和73分。

（三）持续教育锚定"恒"：以"恒教"为准则，"四段一环"跟进教育

"泰山不让土壤，故能成其大；河海不择细流，故能就其深。"后进生的不良习惯、行为形成日久，且积习难改。后进生的"知情意行"回归守正以及思想觉悟提高是一个长期的、曲折的、不断反复的历程，一般都要经历"醒悟、转变、习行、守正"的"爬坡过坎，滚石上山"过程，不可能一蹴而就，依靠一两次的谈心、说服教育，一两场的集中培训、说教，是不可能从根本上解决问题的。在教育转化过程中，后进生重拾旧习，故态复还，属正常现象。对此，我们要冷静分析、正确对待，以"恒教"为准则，锚定"恒"字，"四段一环"持续教育。

《师道》有云："好为而后能恒为，好教而后能恒教，十年树木，百年树人，不好不能为之恒也。"转化后进生是一项长期、复杂、艰巨的教育系统工程。后进生的缺点、错误不是一朝一夕形成的，有一个产生、形成、发展的过程，教育转化都要经历"醒悟、转变、习行、守正"四个阶段为一个循环的过程，每一个循环都是逐步递进、螺旋上升。因此，对后进生的转化教育

工作也是一个反复的、逐步提高的过程，教育者不能操之过急，要找准时机反复抓，不少"重度"后进生都是经过"进步—反复—再进步—再反复"的曲折轨迹而实现"习行、守正"的，这需要我们老师的智慧和良好的方法。我们团队建构的"运作系统"，设置有"学习竞赛"和"行为评奖"，这是专门针对后进生的奖项，同时，我们学校还在"六项素质奖"中设置"进步奖"，所有有进步的学生（包括后进生）都有奖励，都上台领奖，并对后进生有特别的关爱，制作"喜报"通过短信、QQ、微信直接发送给家长，这样，大大激发了家长教育自己孩子的信心，后进生也因此得到鼓励而争取做得更好。领奖，本是优生的特权。设置"进步奖"后，后进生也有机会上台领奖，这样他们每天走进教室就会有事做，有了盼头也就有了劲头！诚然，好与不好是相对而言的，不能用同一个标准来评价后进生。成绩低并不等于就不可以教好，习惯不好并不等于智力低，成绩低并不等于未来的人生就没希望。教师要有一双慧眼，多一把衡量的尺子，善于发现后进生的亮点，只要他比以前取得了些许进步，就要毫不吝啬地予以表扬和鼓励。对于后进生来说，表扬和鼓励是稀罕的，也是十分在乎的。表扬和鼓励是后进生不断取得进步的加速器、催化剂。美国心理学家威廉·詹姆斯有句名言："人性最深刻的原则就是希望别人对自己加以赏识。"古人云："教也者，长善而救其失者也。"虽然后进生有很多不足之处，但他们也有长处和积极因素，在他们的心灵深处也闪烁着智慧的火花，教师要善于挖掘他们的积极因素、抓住"闪光点"，巧妙改变他们的心理状况，激励他们树立前进的信心和勇气。

诚然，后进生之所以后进，常是出于行为养成方面的困难，或是"心中无标尺"，无章可依，所以教师应明确规范，使其遵之有度、循之有则。法治教育，可以引导后进生做一个守法公民，帮助他们明辨是非，正确识别什么是真善美，什么是假恶丑；《中小学生日常行为规范》是教育部对中小学生日常行为的最基本的要求，通过加强对后进生的日常行为规范训练，促使后进生从小就树立正确的国家观、集体观、道德观、法制观、人生观、价值观等理念，养成良好的行为习惯，促进身心健康发展；思想品德教育，可以帮助后进生树立正确的人生观，教他们如何做人，做一个高素质的人；社会主义核心价值观作为先进文化的核心，是引领社会风尚的一面旗帜，将社会主义核心价值观融入后进生教育转化全过程，有利于引领后进生树立远大理想、刻苦学习、报效祖国、服务人民意识。在日常生活和学习中从小事情和小问题上，持之以恒地渗透着和溶化着大道理于春风化雨之中。我们团队通过"道德银行"，把"大道理"融合银行的存储与支付之中，把"积分"的数量作为后进生进步的坐标、驱动后进生继续前行的动力。只有从点滴小事的严格要求开始，才能把后进生从行为习惯上慢慢地转变过来，培养出良好的日常行为习惯和良好的道德品质。

（四）严管厚爱讲求"情"：以"融情"为基础，揆情度理至诚感化

教育转化后进生，管理只是一种形式，并非最终目的。管理的目的重在引导，为后进生及时纠偏纠错，促使后进生回归、守正，发展得更顺、更好、更优。现在的后进生，看似有这样或那样的不足，但他们透过各种途径，尤其是信息网络，多数都是见多识广、口齿伶俐，他们既会争辩，也会诡辩。你别看他们阅历浅，判别是非能力弱，但遇到事情总会千方百计倒推一把、"黔驴技穷"一番，弄得你哭笑不得。针对后进生思想和行为的复杂性，我们除了坚持正面教育外，还需关心爱护后进生，运用慈母般的情怀爱护每一个后进生，处处给他们体贴和温暖，用热情去融化那颗冰冷的心，感化他们，遵从严管与厚爱结合、约束与激励并重的原则，实现揆情度理，至诚感化后进生。

情感是师生之间交流的思想纽带，师爱是打开学生心扉的一把钥匙，只有师生关系融洽，学生才能向老师敞开心灵的窗户，推心置腹地谈思想，吐露内心的秘密，才能醒悟和转变。教师只有掌握学生思想变化的脉搏，才能有的放矢地进行教育。通常后进生与教师的情感都有一定的距离，比较疏远。我们的目的是教育转化他们，而后进生教育转化不可能立竿见影、一蹴而就，加上"中度""重度"后进生的向好进步，都要经历"醒悟、转变、习行、守正"四段一环的反反复复、前进折返的过程，这就需要我们要坚持不懈地、持续不断地教育转化。为此，我们团队在"跟踪教育阶段"安排了"特色中队"和"党员行政包干"的项目，目的是通过组建"特色中队"让少先队辅

导员带领他们在有趣的队活动中拉近关系、激发融入集体的自信;"党员行政包干"帮扶主要是通过交心活动,党员行政做他们的知心朋友,给予全心的呵护、悉心的关爱,给他们多一点理解和信任,少一些怨恨和责难,用博大无私的爱去感化他们,用真诚的爱心去排除他们的戒备心理,与教师同学的感情融洽起来,让后进生敞开心扉。

做后进生教育转化工作必须要有良好的感情基础,有了良好的感情基础,转化工作就会有良好的开始。教师要善于尊重后进生,建立平等的师生关系,真正站在关心后进生成长进步的立场上,和后进生一起共渡难关;教师要善于以爱心抚慰后进生的心灵,让后进生能够感受到集体的温暖,感受到自己在班上有一席之地;教师要善于以诚心赢得后进生的信任,为后进生提供展示自身价值、树立自尊形象的舞台;教师要善于以耐心期待后进生转化,鼓励和引导后进生确立新的行为目标,不断肯定他们新的行为模式和进步表现,促使后进生从旧习惯的束缚中解放出来,逐渐培养起良好的行为习惯……总之,教师就是要善于用情感因素填平师生间形成的情感沟壑,修补后进生因受不良影响而形成的心理障碍,点燃他们心中的希望。尤其是遇上特别的后进生,更是需要老师有足够的忍耐,我们能否将忍耐和等待坚持到底,决定着教师对后进生情感坐标的制高点。

有个叫小芹的后进生,各科成绩都是挂红灯,平时沉默寡言,不喜欢参加集体活动,平时跟她接触谈话可以了解到,她自认为特别笨,智力不如人。各科老师都反映,小芹上课时,向来都不敢接触老师的眼光,平时也不愿与同学来往,学习上有困难也不问老师、同学,经常忘带或不交作业。这天,课代表又告诉我,小芹的作业又没有交,当我询问小芹原因的时候,她告诉我忘记在家里了。我问她什么时候交给我,她说明天。当第二天问她的时候,她说昨天住在舅舅家没有回去,因此作业没有带来,并补充说,今天傍晚妈妈会接她回家,明天一定把作业交给我。第三天,小芹来到教室,她用很胆怯的眼光看着我,我知道她又没有把作业带来。果然,我来到她身边问她拿作业的时候,小芹告诉我,放在自己写字台上的作业本不见了。我当时就很生气,但我想到对小芹这样的学生要有忍耐心,于是我问了一句:"请你很诚实地告诉我,那作业你做了没有。"小芹很认真地回答我:"我做了!"可到了星期五，小芹还是没有把作业交给我。星期五放学的时候，我耐着性子问道："你的那张作业到底什么时候才能交给我呢？"小芹表现出很不好意思的神情："老师，下周一我一定交给你！"果然，周一的早上，小芹把作业交来了，其他作业也破天荒地第一次交齐了。后来一周，小芹的作业基本上能做到天天完成。而且，接下来的日子里，把我当成至爱的亲人，什么话都跟我说……

当然，小学生大多数不良行为都是小错误，都不是原则性问题，不必穷追猛打、揪住不放，更不能"一闷棍打死"，要多给学生纠错、改错的机会。从六岁到十二岁的小学生，处在儿童向少年过渡的阶段，具有很大的可塑性。后进生不过是缺乏肥水的禾苗，沾着污垢的玉石，既有阴暗的消极面，又有潜在的闪光点，他们同优秀生、中等生一样渴望进步，也能成才。作为教书育人的教育工作者，要善于从后进生身上了解他们的志趣和个性特征，观察发现他们时隐时现的闪光点，作为教育转化他们的突破口和推动其前进的动因。事实证明，后进生并不是一无长处、各方面都差的"坏孩子"，更不是智商低下、不可教育的"低能儿"；相反，在某种意义上说，淘气、调皮的孩子反而聪明。正如陶行知先生认为"你的教鞭下有瓦特，你的冷眼下有牛顿，你的讥笑中有爱迪生"。因此，我们对后进生要"厚爱"多于"严管"，要努力做到多个别谈话、多沟通家长、多表扬鼓励、多正面疏导、多指明方向、多激发上进心和积极性。在赢得了后进生的信任，成为他们的知心朋友之后，转化工作就容易多了，"严管"就水到渠成。

（五）审时度势把握"理"：以"明理"为引领，谆谆告诫导之以行

晚清重臣曾国藩极为重视对子女的教育，告诫他们"凡人多望子孙为大官，余不愿为大官，但愿为读书明理之君子"，引导他们把人生的目标重点放在德行的修养上，并用自己的身体力行昭示：读书为明理，明理为修身，修身即为做人。是啊，当下我们提倡"立德树人"，教育青少年践行社会主义核心价值观，不正是"修身、明理、做人"吗！我们教育转化后进生仅仅有良好的感情基础是不够的，而且与后进生建立良好的感情基础，不是我们转化工作的最终目的，我们的教育转化工作不能停留在与后进生交朋友这水平上，

而应在凡事能够"明辨是非、知书达理"上做文章。后进生之所以后进，就是因为在"明理"上出现问题，就是因为行为养成方面出现与众不同的情况，或是"心中无标尺"，无章可依，所以教师应审时度势把握"理"，以"明理"为引领，谆谆告诫导之以行，予以行为明确的规范，使其遵之有度、循之有则。

首先要了解后进生的情况，在尊重学生的人格和正确行为的选择前提下进行耐心说理教育。要求得到别人的尊重是人们的一种共同心理需要。我们不能总以看待"坏孩子"的眼光对待后进生，完全不尊重他们的意见和举动，虽然他们在行动中有这样或那样的缺点和错误，但他们所冒出的缺点和错误往往是由于不能辨别正确与错误甚至自己犯错误，还不知错在哪里；或者根本没有意识到错误的性质和可能发生的后果。即使后进生沾染了不良的习气，犯了严重的错误，也是一时的过失，并不是根深蒂固，不可救药。我们要从爱护后进生出发，在尊重后进生的人格的基础上进行说理教育，要做耐心细致的思想工作，帮助后进生明辨是非，分清善与恶、美与丑。动之以情、晓之以理、导之以行不能高高在上，以势压人。体罚或变相体罚所起的教育效果是短暂的，往往是口服心不服，甚至会引起学生的逆反心理，增加学生与教师的矛盾。

在对后进生进行说理教育时，首要任务是进行思想品德教育，帮助后进生树立正确的人生观，教他们如何做人，做一个高素质的人。要进行法治教育，教育他们做一个守法公民，帮助他们明辨是非，正确识别什么是真善美，什么是假恶丑。同时要求他们"勿以恶小而为之，勿以善小而不为"，只有从点滴小事的严格要求开始，才能把后进生从行为习惯上慢慢地转变过来，培养出良好的日常行为习惯和道德品质。这样才能从小事情和小问题上，渗透着和融化着大道理。

在进行说理教育的同时，教师应以身作则，言传身教。教师的身教是提高教师威信的重要保证，如果教师只讲一大篇理论，而行为却一点也不沾边，很难令后进生信服。2008年9月，郑老师班上来了一个由美国回来插班就读的女学生薛亚娜，由于她人地生疏，满头金发，虽然英语说得很溜，但普通话却说得"幼稚"，又不合群，常常被后进生讽刺和取笑，在学习上和活动中遇上很多困难，也给班级带来许多负面影响，私底下常常被班上的后进生调侃和取笑。有一次，在班会课上，郑老师对学生进行爱国主义教育时，讲到"抗美援朝"，因美军燃烧弹落在邱少云潜伏点附近，火势蔓延全身，为避免暴露，邱少云放弃自救壮烈牺牲……后进生邱敏突然站起来，跑到美国来的学生薛亚娜面前大叫："你是美国鬼子，给我滚出去！我们班不欢迎你！"那些平时跟邱敏玩在一起的学生也乘机起哄。郑老师及时制止并对邱敏进行批评教育，而邱敏却不以为然，还嘲笑、讽刺班主任，认为郑老师不配讲爱国主义故事，不但接收"美国的孩子"到班上课，还袒护薛亚娜，丢下一句"老师，我看不起你"，然后跑出教室……继而不断地给薛亚娜带来很多麻烦。郑老师对他进行了多次的说理教育，都没有改变。后来邱敏病了，不能来校上课，郑老师没有对他有冷眼，而是和薛亚娜带着全班的深情厚谊去安慰他。他感受到集体的温暖和珍贵的友谊，也接受了郑老师对他的说理教育，明白了"美国侵略者"和"热爱和平的美国人民"是不一样的，主动找薛亚娜承认错误并道歉。后来他不但没有再给薛亚娜找麻烦，而且还经常叫几个玩得来的同学与薛亚娜一起玩，还叫薛亚娜教大家英语。

当然，育人之道在明理，明理之后，行为则易于在思想支配下逐渐养成。"明理"首先是明辨是非，然后才能逐步实现知书达理。所以培养是非观念很关键，这就要求老师们必须坚持正面引导，以理服人，切忌简单粗暴、以势压人。对他们说理要透彻，一定要结合榜样教育和具体事例，利用集体舆论，辅之以分明的奖罚。还应要求他们经常进行自我克服，养成、巩固并发展良好的行为习惯。以行为规范为目标，辅以思想教育，晓以利害。

（六）见机而作讲究"智"：以"智慧"为引擎，靶向施策精准发力

教师处理后进生的错误时要善于运用"冷处理"与"热处理"的方式。"冷处理"就是教师对学生中发生的问题有时引而不发、视而不见，故意冷淡，稍后再处置。"热处理"就是对班级中发生某种事件或矛盾，要触机而发，及时补救。善于运用"冷处理"与"热处理"的方式就是要控制火候、把握分寸、择机而发，即要适度。教师要明确"冷"与"热"是相对的，是

动态的，选择"冷处理"还是"热处理"，必须因人、因时、因事而定。教师要坚持正面教育，关心爱护后进生。鲁迅先生说："教育植根于爱。"爱是教育的前提，信任是教育的开始，尊重爱护后进生是转化后进生的感情基础。作为教师应该主动关心爱护后进生、尊重后进生，在生活上体贴细心；在学习上帮助提高，坚持鼓励表扬，正面教育，但要注意适时、适度，并用"发展"的眼光看待后进生，坚信他们在爱的关怀下定会产生由"量变"到"质变"的飞跃。

后进生教育转化工作具有日常性、具体性和重复性，我们教师常常要面对许多预料之外的繁杂事务。正是这种特征，使得有些教师善于在教育转化后进生过程中不断地发现问题、解决问题，并总结出独到的见解、形成工作经验，但在经验交流与分享中，却因无法复制、难以移植、不能轻易习得而成遗憾。诚然，教师在后进生教育转化日常工作中所遇到的问题都是个性化的，大部分没有现成的解决方法，处于经验层面的教师实践智慧不仅难以复制、学习，而且缺少普遍和体系的认识，容易拘泥于细节，无法应对复杂多变的教育情境。于是，我们就想，把老师已成的经验提升为"策略"，将这种"策略"与通用的教育策略或智慧融合，成为能够灵活运用的教育策略以解决实际问题，形成共性问题的解决方法。这不仅能给教育工作带来便利，提供应对之策，更是形成教学风格和教育信念的重要途径。然而，由于经验的有限性及情境性，实践智慧难以迁移，如何将教学经验转化为实践智慧，着实是个难题。一个偶发事件，笔者的随机处理，成为这个难题解决的分水岭。

一天，笔者听到值日老师报告："世纪楼"2—5层的洗手间突然冒烟。于是，我就叫上分管安全的副校长一同前往查看，原来是2—5层洗手间旁的灭火器被人拧开，气体弥漫四处……处理好现场后，便开始"破案"："世纪楼"除了行政办公室外，就是三年级六个班教室了，"肇事者"最有可能就是三年级学生了。笔者灵机一动，随手拿了固态硬盘，叫年段长把刚做完广播操的学生全部留下。年段长把学生集合完毕，分管安全的副校长按照我们事前约好的"情况通报"和"纪律教育"后，年段长说"下面请陈校长讲话"。笔者拿出固态硬盘说："……今天的事情到底是谁干的呢？这个（举着固态硬盘）会告诉我一切。我在这里宣布，今天下午放学前能够主动承认错误，并保证改正错误的，我不予追究还给予保密。否则，学校将依照校规严肃处理！"如我所愿，"肇事者"在上午放学后，在我的办公室门口低着头，小心翼翼地说："校长，那是我……我干的……呜呜（大哭起来）……"老师说，校长这是用"空城计"呀，原来教育转化后进生，用"36计"效果这么神奇！

　　由"空城计"想到《三十六计》，于是，老师教育转化后进生的经验和策略就围绕着《三十六计》进行提升。"后进生转化36计"为老师积极地应对突发事件和各种情境做出自然而然的快速反应，从而疏导冲突、化解矛盾，为教师顺利开展后进生教育转化工作、妥善处理突发事件提供了"靶向施策"的良好凭借。

　　诚然，对于后进生，我们老师常常采用沟通的方法，做后进生的知心朋友，逐步感化后进生；可以采用激励手段，捕捉闪光点，多表扬，少批评，充分挖掘后进生的内在潜力、发挥其主观能动性；可以采用弹性教育法，刚柔相济，通过相关缓冲方法使后进生逐步转化；可以采用诙谐法，激活后进生心智，唤醒学生的自尊，使其能自我纠错纠偏；可以采用挫折教育，创设困难的情境，锻炼他们与各种诱因勇敢斗争的意志力，培养他们战胜困难、战胜自我的顽强毅力；可以借助心理辅导，在情感交融中让后进生受到激励、鞭策、鼓舞、感化、呼唤、指导和建议，敞开学生的心扉，抓到问题的症结所在，形成积极的、丰富的人生态度与情感体验。但是，什么时候采用什么策略，什么场景运用什么方法，对于年轻的教师来说都是十分棘手的问题，为此，我们团队在总结后进生教育转化策略时，对中国古代军事思想和丰富的斗争经验总结而成的兵书《三十六计》进行提炼。我们团队提炼的"后进生转化36计"分六大组块，每一个组块均有"6计"，每一计都有"原文""释意、运用""案例回放""案例剖析"四部分（详见本书的"策略篇"）。为了帮助大家了解编写"策略篇"的框架，下面以"欲擒故纵"（第三组块《攻战计·精准施策》第十六计）为例做个说明。

　　首先，引用了兵书《三十六计》原文；然后对原文进行了"释意、运用"；接着"案例回放"具体描述后进生"后进特点""后进表现""典型事例"，对如何"擒"与"纵"进行了分析与施策，最后的"案例剖析"则联系实际案例进行剖析、比较、分析，阐明"智慧转化"优势。认为"纵"表面上看起来是不管不顾,是放纵,而实际上只是稍微放松,目的是伺机而动、伺机而"擒"。这种"策略"主要用于自主、自尊感较强,个性强,性格又比较倔强的后进生。这类后进生往往讨厌被命令、指使或控制,对周围的人容易产生防御心理、逆反心理,所以只能通过"纵"这个方法来实现"擒"的目标。因此教育转化这类后进生,老师的言谈举止应充分表现出对他们的尊重,老师的主张、要求,甚至批评就容易被他们接受,而不至于时时引起对抗,有利于老师对后进生的教育转化。"纵",老师平时就要针对对学校生活有影响的活动,类似班委的改选、班队主题活动筹划、运动会的组织、春秋游等,可以让学生有充分的发言权、选择权,可以允许、鼓励后进生发表意见,让他们畅所欲言,各抒己见,让他们融入班集体,投入热情去参与班级活动的各项筹划工作。"擒",老师要努力做到:集体言论和个别点拨相结合,既给予压力,又点拨调教;规范行为和思想教育相结合,既有思的触动,又有行的引导;远大理想和眼前目标相结合,让后进生明白,每个人都有理想,理想就从脚下出发;自主自律和环境熏染相结合,借用外因,在内因作用下使他们出现质的变化。

有位老师这样作"案例描述"。

一个四年级李姓学生,属于"横向·行为不良型"后进生,除具备这类后进生的特征外,还因为家庭缺乏正确的管教,养成"手脚不干净"的不好行为,经常受到家里父母的斥责和打骂,在班上因受到同学的冷落、歧视而沉默寡言,但她却时不时主动为班级整理图书角和清理垃圾桶,且从不声张,也不在老师面前提起。老师经过诊断和分析后定出了"欲擒故纵"的教育转化策略。一天,班主任郑老师约她谈话,在她的面前拿出 U 盘说,最近你经常为班级做好事,这是你做好事的录像。你做好事不留名,也不在老师面前说,这点很可贵,具有当班干部的素质,所以老师想让你当劳动委员,你看怎样?李姓学生听完,拘谨地说:"老师,您相信我?""相信啊,你的行为都在这里,老师相信它!"老师话锋一转,说了她平时的小错误、小毛病,假如能改好,同学们一定都会信服。李姓学生听完老师的话,坚定地说:"老师,我听您的!"整个谈话,班主任郑老师故意避开"手脚不干净"话题,也不提同学常说起的"东西丢失"事情。经过 U 盘事件后,李同学不断改掉迟到、没有坐相、没有礼貌、作业马虎等不良习惯，劳动委员的角色当得有声有色，同学也与她逐步亲近起来。转眼到了期末家访时间，李姓学生家长与班主任郑老师交流时，谈起了"邻居哥哥丢失手机"的事情，让郑老师有了进一步转化的契机。郑老师抓住这个情况，先对她进行耐心的谈话，既肯定她担任劳动委员以来的许多优点，又指出她仍然存在的缺点；用《小的偷摘瓜，大的偷牵牛》民间故事对她进行启发诱导，让她懂得小时候要做一个诚实正直、遵纪守法的孩子，长大才能做个对社会有用的人，鼓励她勇于改正缺点，发扬优点，争取做一个好孩子、好学生、好干部。然后又拿出U盘对她说："邻居哥哥丢失手机的事情你知道吗？昨天，你所在社区警察同志交给校长这个U盘，要学校帮忙找出偷手机的小孩，说如果小孩自己主动拿出手机放回原处或交给老师归还失主，就不再追究责任。校长还说，学校不希望偷手机的小孩是我们学校的，你帮帮老师猜一猜偷手机的小孩会是谁呢？"这个——我想想。"她停顿了片刻，接着说，"不久前，我倒是在我们小区的草丛里捡到一部手机，难道就是这部？"……于是，郑老师再同家长配合教育，对李姓学生提出统一要求，共同对她"手脚不干净"不良行为发起立体化教育转化。还在校长的支持下，安排了当警察的校外辅导员对她进行法治教育与关心帮助，特意抽选她担任"警校联系小联络人"。通过协助警察叔叔做事，潜移默化受到教育，她从此痛改前非，在班上更加热情地为集体做好事，期末被评为班里"乐于助人"素质奖；五年级时，她被同学推荐当副班长；六年级时，还被评为学校"三好生"。

八、经验总结与特色亮点

我们认为教育的手段与机制应随着教育现代化的不断推进而不断创新与提升。通过创新与提升"运作系统"，通过"系统管理和持续教育"提炼后进生教育转化的策略，实现区域性的后进生教育转化的系统化、一致性、实效性、持续性，现将"持续教育，系统管理"教育转化后进生的经验与主要特色亮点总结如下：

1. 立足教育根本任务，增强后进生教育转化关爱力度

"立德树人"是教育的根本任务，"培养德智体美劳全面发展的社会主义建设者和接班人"是我们教育的目标，"培养担当民族复兴大任的时代新人"是教育的历史使命。后进生作为青少年中的一个特殊群体，是我们教育任务、目标和使命的重要对象，从某种意义上说比教育优秀生更显得重要。"立德"关键是在青少年学生时代，是"扣好人生的第一粒扣子"起始阶段，是逐步形成世界观、人生观、价值观的重要时期，我们要对后进生精心培育社会主义核心价值观，进行爱祖国、爱人民、爱劳动、爱科学、爱社会主义"五爱"教育以及人文、审美素养的培养；"树人"就是通过"持续教育，系统管理"教育转化后进生，让他们成为"社会主义合格建设者和可靠接班人"。固然，对后进生的"立德"难度大、"树人"困难多，但这是教育的根本任务，我们必须竭尽全力完成。我们深知，后进生的共性是道德无知、行动盲目、学习落后、大错小错不断。他们在班级内外都会造成不良影响，常常出现对立情绪——不听管教，萌发自卑心理——消极沉闷，导致用疏远集体来回避教育；他们在心理上都有些缺陷，同正常人相比具有更强烈的自尊心，当受到伤害时，他们为了采取保护措施往往形成种种畸形心理和异常表现，出现故意违纪，甚至离校逃学、离家出走。造成这种情况的根本原因在于缺少爱而使后进生产生失落、缺乏爱的温暖而使他们心灵蒙受创伤，正常成长遭到压抑。然而，我们都知道只有"亲其师"才能"信其道"的道理，因此，老师应善于走进后进生的情感世界，让关爱走进后进生的心灵，把自己当作后进生的朋友，去感受他们的喜怒哀乐。

　　关爱是转化后进生的关键，情感是与他们沟通的桥梁。我们团队通过运作系统，建立常规机制，立足教育根本任务，通过五个方面增强后进生教育转化关爱力度，即：（1）倾情呵护，尊重后进生的自尊心；（2）热情鼓励，激发后进生的上进心；（3）循序渐进，培养后进生的责任心；（4）集体帮扶，树立后进生的自信心；（5）心理疏导，滋养后进生的感恩心。当然，在不同的时空，关爱会有多视角的诠释和演绎，当老师悉心传道授业解惑，关爱是一种欣赏，能从学生身上发现特质、激活潜质、促发潜能，有时一个关爱的眼神、一个体态动作、一句信任的鼓励语言，就能赢得后进生的爱戴和信赖，都会发挥巨大的效益，使他们能充分享受到自己进步、团队获奖、班级饮誉的乐趣。诚然，无论形式如何多样、时代怎样变迁，关爱都是浇灌成长的阳光雨露，是教育的核心与灵魂。

2. 重视科学理论指导，提升后进生教育转化研究品质

理论是行动的先导，具有实践性；理论是实践的指南，具有指导性，任何一种理论都不是凭空产生的，都是在实践中形成的，理论总是在实践基础上总结出来的。后进生教育转化工作需要科学理论做指导，后进生教育转化运作系统的深化研究需要科学理论做指导，"持续教育，系统管理"后进生教育转化系列专题研究更需要在科学理论指导下实践研究，总结出成果服务于更大范围的后进生教育转化工作。行动只有在科学理论的指导下才不会失之盲目，没有正确理论的指导，人们就干不成什么事。科学理论，就像一把锐利的武器，它能指导我们干好手中的工作。只有不断坚持思想提升、理论强化，坚持用科学理论滋养我们的头脑，才能提升后进生教育转化研究品质。从事后进生教育转化工作首先接受了"全纳教育"思想的熏陶，把后进生作为"未来接班人"来教育，不是拒绝"接纳"、不是"横眉冷对"，而是倍加"关爱"、尽心教育引导、专门建立体制机制来教育转化；其次，我们提出"持续教育，系统管理"理念，是得益于"系统论"和"可持续发展"观点，并在实践中不断调整、完善、提升；再次，关注了后进生的特殊性，一开始就重视"异步教育"思想的引入，坚持对后进生"因材施教"，专门为后进生组建"特色中队"，让后进生在特定的起点上有机会继续前行。特别是党的十八大以来，中国特色社会主义进入新时代，后进生教育转化研究和实践在新的时代也要进入新的历史发展阶段。习近平新时代中国特色社会主义思想倡导"坚持系统观念"，要求掌握马克思主义思想方法和工作方法，不断提高思辨能力，要"客观地而不是主观地、发展地而不是静止地、全面地而不是片面地、系统地而不是零散地、普遍联系地而不是孤立地观察事物、分析问题、解决问题"。新时代后进生教育转化工作是由各有关"子系统"及其相关要素相互联系、相互作用集合而成的一个具有后进生教育转化特定功能的有机整体。只有运用系统思维的方法，才能构建起科学、完善、有效的新时代后进生教育转化体系。

3. 保持与时俱进思维，丰富后进生教育转化内容途径

我们教师课余闲暇之时，谈论最多的就数后进生了。每当提起后进生，人人都能毫不犹豫地说出几个耳熟能详的名字，有的教师，说到激动之时，甚至坦言"真恨不得把那些影响我们班级教学成绩和教学质量的后进生统统劝退、劝转或放任自流"，但党和国家的政策不容许这样"劝退""劝转""放任自流"。1986年7月1日，《义务教育法》实施；1991年9月4日，《未成年人保护法》施行；1994年6月，第二次全教会出台的《中国教育改革和发展纲要》提出"面向全体、全面提高"的素质教育；1999年6月，第三次全教会作出《关于深化教育改革全面推进素质教育的决定》，素质教育的地位更加凸显、鲜明、重要。"劝退"违反法律、"劝转"有悖师德、"放任自流"有失职业良知，为此，教育转化后进生逐步成为学校、班主任、老师不能绕过的坎，即便最落后的教师也要用心教育转化后进生了。虽然，我们不是因党和国家政策出来后被迫开展后进生教育转化，但是，我们都会紧随时势发展，与时俱进地不断调整、完善、提升教育转化后进生运作系统，丰富教育转化内容、拓展教育转化途径。例如，我们针对新时代时势要求，在教育内容中引入"立德树人"元素。在中国历史文化长河的川流中，"立德"与"树人"的内涵不断与时俱进，并在历史的演进过程中鲜明地体现出时代性和个性化的特点。坚持社会主义核心价值观，是立德树人的客观要求。教育都是在具体的民族和国家中进行的，不同时期的教育都前后相继，后一时期的教育是对前一时期教育的继承和发展。

诚然，创新是事业发展的不竭动力，也是一个团体永葆生机的源泉。创新需要突破常规思维的界限，以新颖独创的方法提出问题、解决问题。创新要有与时俱进思维，以超常规甚至反常规的方法、视角去思考问题，提出与众不同的解决方案，从而产生新颖的、独到的、有社会意义的思维成果。正是基于这种与时俱进的思维方式，我们在后进生教育转化工作中，从产生后进生的根源和教育转化后进生现状入手，以"持续教育，系统管理"理念为主线，有计划、有组织、有步骤地探索中小学后进生教育转化的体制机制，寻求解决后进生教育转化中难题的思路、方法和策略。从一张张"碎片化"教育转化后进生的滞后表格反馈到逐步构建起超前的"运作系统"；从班主任的单打独斗，上升为全体教师乃至学校和家长齐抓共管；从遇事"见招拆招"

到提前系统管理和因材施教，教育的内容不断丰富，教育的途径不断拓展。

4. 完善系统管理体制，促进后进生教育转化有序联动

系统观念是马克思主义基本原理的重要思想方法和科学工作方法，主张管理者要运用系统理论和系统方法，对管理要素、管理组织、管理过程进行系统建构；强调系统具有"整体性、结构性、层次性、开放性"的等特征。后进生教育转化需要用"系统观念"构建"系统管理"体制，并在实践中不断完善。只有运用系统观念的思维方法，才能构建起科学、完善、有效的后进生教育转化运作系统。后进生教育转化运作系统具有"整体性、结构性、层次性、开放性"基本特征。"运作系统"从"后进生教育转化"的整体、全局出发考虑问题。从横向上考虑了申报、认定（未认定回归）、跟踪教育、结果验收（转化的及时回归、未转化的接续跟踪教育、小学毕业仍未转化的档案由初中接转）后进生教育转化全流程，在纵向上又突出了每个节点的工作要素，彰显了"运作系统"整体性的特征。后进生教育转化运作系统的结构性特征主要表现在"运作系统"各要素如何结合，按照什么样的权重、标准、顺序、内容、途径、方式相关联。如"跟踪教育"中的"教育管理"层面包括"家校配合、班主任（科任教师帮教）、特色中队、党员行政包干、互联网＋"和评价层面的"学习、行为、心理"三方面的"周观测、月小结"等要素，这些要素是相互联系、有序联动的，如果弱化或缺失某个要素，或者某几个要素联动不及时，那么这个结构就不完整，会影响到"运作系统"作用的发挥。后进生教育转化运作系统的层次性特征则体现在通过后进生"横向、纵向、抽象"三个维度的分类，分类"靶向施策"、"因材施教"、分层次管理，它们之间存在着双重关系。一方面，一个系统在和其他有关系统的相互联系、有序联动下，按一定关系组成高级教育转化链；另一方面，一个系统的要素可以在与别的要素的相互衔接、相机联动下，按一定关系组成低级的具体操作链，从而打破"就条抓条、就块抓块"的惯性思维，牢固树立"系统观念"的思维。"运作系统"的开放性，主要表现在后进生教育转化过程中，每一个教育管理团队都是一个系统，这里既有以班级为主体的团队，又有以后进生为具体对象的团队，虽然都是一个整体，但不是孤立的，而是联通、联动的。例如在"呈报、认定"环节，可报可不报的采取不报，可暂时

不认定的坚决不认定。只有充分利用好与有关系统的上下联通、左右联动，通过相互联系、相互作用，才能确保系统发挥以至最佳发挥应有的功能。

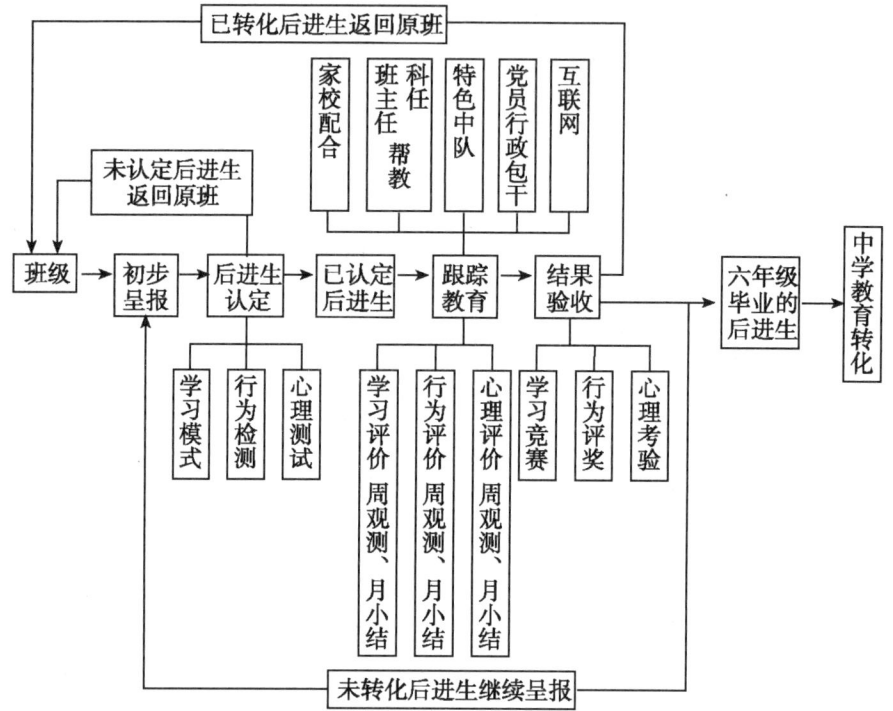

因此，后进生教育转化运作系统是动态的、发展变化的，在工作中要不断完善系统管理体制，促进后进生教育转化有机联通、有序联动、灵活运用，实现系统运作的最优化。

5. 遵循因材施教原则，增进后进生教育转化向好发展

"因材施教"是我们中国教育鼻祖孔子的教育行为，经朱熹用"孔子施教，各因其材"来提炼成的教育理念。"因材施教"的原则是指教师要从学生的实际出发，有的放矢地进行教育，这里"'因'是根据适当的意思，'材'就是学生实际"①。青少年个性的发展具有个别差异性，各有各的优势，各有各的缺点，他们中的后进生更是如此。因此，我们从设置专题研究开始，近30年来，一直秉承"因材施教"教育原则，根据后进生的个性差异，妥善处

---

① 董远骞：《教学原理和方法》，人民教育出版社，1985年版。

理"面向全体"和"因材施教"的关系，在校内外管理和课内外教学上针对后进生制定了一系列的体制、机制以及措施。在具体的管理中，学校要求负责后进生教育转化的老师要详细分析每个后进生的个性特征，坚持为后进生开放时空，给予他们发展个性的时间与空间，实施个性教育；都要在制订教学计划时，制订一份"教师教育后进生计划"，设置了"提高学习成绩策略"、转变行为措施"因势利导办法""发挥特长途径"。尤其对"重度"后进生都从实际出发，耐心帮助他们打好基础，给他们创造更多的发挥主动性的机会，让他们体验成功的喜悦，消除紧张恐惧的学习心理，从而增强学习信心，坚定学习信念。在教学中，我们根据"纵向"分类，针对后进生的实际，把学生分为轻度、中度、重度三个层次。"轻度"后进生思维较敏捷、接受能力稍强，对常规的教学方式、教学进程、教学内容基本上能够跟上进度，我们可选派班长或学习委员协助老师点拨；"中度"后进生，他们基本能掌握教材规定内容，基本能运用所学知识解决生活实际问题，我们可选派科代表，协助老师辅导；"重度"后进生因受种种客观因素的影响，对学习活动感到困难较多，压力较大，我们则针对他们的个体实际情况，精心选配相应的组列，一组四人中，其他三个都是班级学习程度中上且专注力很强的学生，组列位置都靠前，便于遇到问题时方便关照。当然，老师们在课堂提问、教学互动、课堂评价、练习设计、作业批改、课后辅导、单元考核等方面都会根据后进生的个性特点，精心设置相应的内容、形式和时空、场景，力争后进生在每一节课都有所收获。总之，"因材施教"是我们践行"持续教育，系统管理"后进生教育转化理念不可或缺的原则，是教师增进后进生教育转化向好发展的良策。

教师教育后进生计划

（　　）—（　　）学年度第（　　）学期

班级：　　　　　　学科：　　　　　　制定者：

姓名	项目	提高学习成绩策略	转变行为措施	因势利导办法	发挥特长途径

6. 锚定持续教育机制，确保后进生教育转化有机衔接

"持续教育，系统管理"后进生教育转化理念中的"持续教育"选用灵感来自于"可持续发展"，这是 20 世纪 80 年代提出的一个具有战略性的新发展观，到了 90 年代，这个发展观逐步受到广泛重视，成为"可持续发展战略"，它的提出和演进都是应时代的变迁、地球环境变化、社会经济发展、人类生存与健康的需要而产生的，它"既满足当代人的需要，又不对后代人满足其需要的能力构成危害的发展"①。基于这种理解，我们认为后进生不单要"系统管理"和教育，还要"持续教育"。这种"持续教育"要既有利于当下个人成长、家庭幸福、社会进步、国家教育发展，又不影响学校、班级、老师对非后进生教育正常的秩序、额定的教学任务完成、

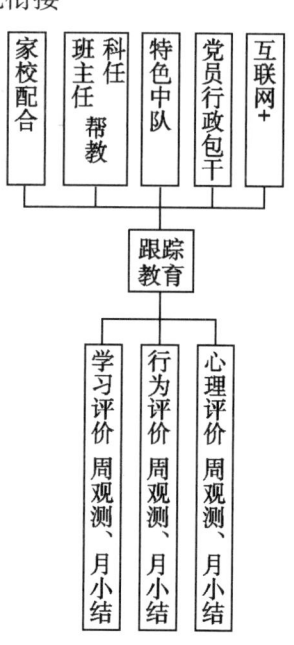

全力推进"深化素质教育"进程；这种"持续教育"要求负责后进生教育转化的老师要有"可持续发展"的理念，既要竭力教育转化眼前的后进生，又不能给高段年级或高一级学校"甩锅"，不忘"为师"初心，牢记终身"立德树人"使命。俗话说得好，一个人走得快，一群人走得远。说起后进生教育转化，每个学校都有一两个"能人"，但都是"条条块块"的，无法形成系统、整体性的局面。要想一个团队、一个学校全体教职员工都在努力地、高质量地教育转化后进生，必须要有一个教育机制在运作才能达到理想的局面。为此，我们针对"后进生跟踪教育"环节，建立联动机制，实现各条块间环环相扣，有机衔接；在后进生教育转化管理系统上锚定"持续教育"机制，建立了"普通学生""已认定后进生""跟踪教育"和"已转化回归普通学生"或"未转化继续申报认定"或"六年级毕业向中学报备"管理机制（如下图），确保后进生教育转化不因教师变动而延误教育转化时机，不因毕业而导

---

① 1987 年挪威首相布伦特兰夫人在她任主席的联合国世界环境与发展委员会的报告《我们共同的未来》。

致前功尽弃，努力做到"咬定青山不放松"，不转化后进生誓不罢休。

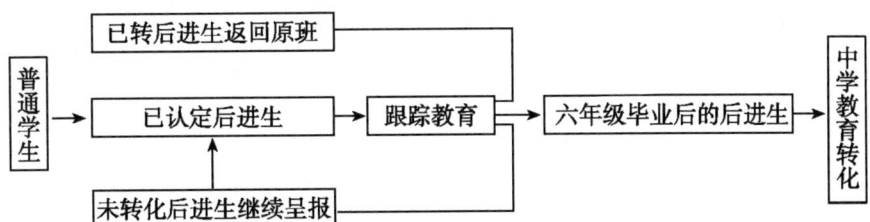

诚然，后进生的"回归守正"是个艰难的历程，要经历反复抓和抓反复的循环过程，在教育转化过程中，都会出现后进生故技重演、故态再来的现象。但是我们坚信，只要捧出一颗真诚的爱心，以极大的热情和耐心，坚守"持续教育，系统管理"理念，用科学、适当的方式方法和策略去教育后进生，就能帮助他们"回归守正"，实现华丽转身。

策略篇

"持续教育，系统管理"教育转化后进生的理念一经提出就有"计策"和"谋略"意味。起先只在运作机制上讲求"持续"和"系统"，进而在"如何教育"和"如何管理"上求突破，最后在践行这一理念的"实践研究"中找到提升的路径。笔者的研究团队成员虽然数度更迭，但他们践行这一理念的经验和良好的工作方法却在学校传承中历久弥新。

《三十六计》是中国古代兵家计谋的总结和军事谋略学的宝典，它是根据中国古代军事思想和丰富的斗争经验总结而成的兵书，是中华民族悠久文化的遗产。原书[①]按计名排列，共分六套，即胜战计、敌战计、攻战计、混战计、并战计、败战计。"策略篇"将近30年的践行"持续教育，系统管理"教育转化后进生理念的生动案例和丰富经验提炼为"36计"。"36计"按照后进生教育转化的6个要素"关联性、适可性、针对性、渗透性、节奏性、随机性"对应编列了"胜战计·长善救失、敌战计·棋逢对手、攻战计·精准施策、混战计·审时度势、并战计·循序渐进、败战计·化险为夷"，为了弘扬中国古代军事思想和丰富的斗争经验，传承中华民族悠久的非物质文化遗产，也为了便于记忆，"策略篇"篇章采用《三十六计》编列顺序，按照"原文""释义、运用""案例回放""案例分析"结构编写。

第一组块：胜战计·长善救失

胜战计属三十六计第一组块的谋略。该组块是"君御臣、大国御小国之术也"，主要是处于主动地位、优势的一方，为了减少自己一方的损失或扩展势力，对处于被动地位、劣势的另一方实施打击或削弱有生力量所使用的计策。包括"瞒天过海""围魏救赵""借刀杀人""以逸待劳""趁火打劫""声东击西"等六计。

[①] 郑春兴：《三十六计》，中原农民出版社，2007年版。

一般来说，小学生自控能力较差，他们经常接触的某些伙伴往往对其产生消极影响。后进生通常有较多的盲从性，常与"同伙"比较，以此为自己的心理平衡寻找借口，模仿心理支配他的行为。"近朱者赤，近墨者黑"，必须切断其与"消极面"的关联，组织优秀班干，以"二帮一"的形式，让后进生在班干的影响下努力向上，争取进步。对其"同伙"，则发动各方面的力量，在"分割"之后，采取积极措施，各个击破，完成后进生这一群体的全面转化工作。

诚然，常规情况下，教育转化后进生，学校和教师都是处于主动地位，有良好的氛围和有利的资源，但我们教师用充满睿智的教育机制和富有智慧的教育方法，去实施"长善救失"式的"胜战计"，必然会收到事半功倍的效果。教书的人，就是善于发现并纠正学子失误之人。

第一计　瞒天过海[①]

【原文】

备周而意怠，常见则不疑。阴在阳之内，不在阳之对。太阳，太阴。

【释义、运用】

认为准备万分周到，就容易松劲；平时看惯了的，就往往不再怀疑了，秘计隐藏在暴露的事物中，而不是和公开的形式相排斥。非常公开的往往蕴藏着非常机密的。比喻用谎言和伪装向别人隐瞒自己的真实意图，在背地里偷偷地行动。过海是目的，瞒天是基础也是手段。孙子兵法也强调"兵者，诡道也"，迷惑对手很大程度上就是要隐真示假，以达到欺骗对手的目的。通过对一些学生及家长运用善意的"瞒天过海"，巧妙地隐瞒一些学生的不足，来达到教师想要达到的目的——促进学生进步。

[①] 撰稿：平潭实验小学　范敏敏

【案例回放】

班上有一名特殊生——小天。这孩子卫生习惯差；和同学起冲突会动手打架；每次交作业总会少那么一两项；上课总有说不完的话；眼窝子特别浅，爱哭；他一手难以辨认的蝌蚪字总轻飘飘地落在纸上，毫不夸张地说，看他的作业每次都要鼓起勇气耐着性子才能看得下去……我真想不明白，一个挺机灵的男孩子怎么会这么脆弱，会有这么多问题呢？

我是看在眼里急在心里，多次主动和家长联系。面对我"告状"式的真实情况反馈电话，家长的回应更多的是无奈，几次沟通下来效果并不明显，小天身上的问题没有得到改善。通过了解，我得知小天平常都是奶奶带，爸爸在外地工作很少回家，妈妈在小天不到三岁时就被查出患有食道癌，小天才刚上一年级她就离世了，可以想象妈妈病魔缠身这么多年自顾不暇，哪儿还有精力抓孩子的行为习惯呀？作为班主任，我似乎找到了小天身上问题的答案。

面对这个情况，我急得像热锅上的蚂蚁。通过观察，我发现其实小天并非无药可救：他机灵聪明，上课从不迟到，平时也挺热心肠，回答问题声音响亮。这些都让我坚信这孩子是可以转化的。于是我开始转变策略，不再向家长反馈孩子的一系列负面的真实情况了，我干脆和奶奶私底下商量好了私底下当小天的"姑姑"，恰好我们老家都在南平，"谎称"我是小天的表姑大家也都不会怀疑。于是我以"姑姑"的名义，每天下午放学都留他在班级，由我监督把书面作业做好了再回去，留下一些简单的读背、摘抄、阅读，再交代奶奶配合监督。在咬牙坚持辅导了一段时间过后，孩子明显进步了，每天作业都能及时上交了，虽然行为习惯方面还有待加强。

为了帮小天树立信心，在一次习作展评课中我特意找了小天写得最好的一篇习作出来展读（要知道那可是我辅导了三个小时的成果呀，惨不忍睹的初稿已经被我"藏"起来了），刻意"隐瞒"他的不足，公开制造他习作很棒的假象，我还顺水推舟提议：鉴于小天的进步，给他机会让他试着担任红领巾监督员。从此小天像变了一个人似的：换上了一条新的红领巾，戴得正正的；好几次看他习惯性地想去咬红领巾，但马上意识到不对就又放回去了；

每天早上总是第一个来到班级，站在门口，捧着红领巾登记本，衣服裤子的兜里满满装的都是红领巾，说是防止有同学忘记带了可以借给他们。看到小天那么细心有爱的一面，我又公开表扬他并给了他五积分。这以后，他对班级事务越发热心，听课被提醒的次数也明显少了许多，字迹虽谈不上美观，但是工整了不少……一切都在往好的方面发展。

在和小天爸爸沟通时我也尽量隐瞒孩子在学习中依然存在的一些问题（但凡我可以帮忙解决的都瞒下来），尽量汇报小天的一些进步以及家长可以配合的点，没想到第二天他就主动给小天报了书法培训班，让孩子利用周末去学写字，鼓励他把字写得更工整。孩子脸上的笑容渐渐多了起来。

接着我趁热打铁，课堂上拿出他做得好的作业公开表扬，刻意不提平时字迹不美观的事实，暗示同学其实小天是一个会学习的好孩子。看他每天都是早早到班、责任心强，我便特意多配了一把钥匙给他，让他帮着班长一起开门。他简直不敢相信自己手上居然攥着班长才有的钥匙，他的眼神顿时变得坚定了许多，仿佛在宣告他一定要做得更好。以前从来不会主动联系我的小天爸有一次主动发来信息："妹子，你既当老师又当姑姑，在小天学习上我才可以操这么少的心，才能安心工作，不然我真不知道该怎么办了……谢谢！"可以想象短信那头的爸爸是有多高兴，爸爸回到家表扬鼓励孩子，促使孩子取得更大进步就水到渠成了，小天的学习就这样不断地良性循环着……我感觉我善意地隐瞒孩子学习上的一些问题来进行家校合作，促进孩子进步是有效果的。

【案例剖析】

作为教师我们要善于运用"瞒天过海"之计，当然我们的"瞒"是建立在激励学生改正不足、不断进步的基础上。在隐瞒中，或表扬，或提醒，或强化优点，或改正缺点。在家校沟通的过程中，我们会发现很多时候我们老师只是一五一十地与家长交流问题学生在校的真实表现，可是家长却听得扎心。有些家长不但不领情，还会产生怀疑老师的念头，嘴上不说却怀疑老师对自己的孩子有成见，怀疑老师的管理能力有限，感觉老师在推卸责任，会带来许多负面情绪。因此在家长面前，我们可以刻意地隐瞒孩子身上的一些不足，精心编制一些善意的谎言，积极的心理暗示反而更能激发他们内心的正能量。替学生保守"小秘密"，换一种方式和家长沟通孩子身上的问题，反而可以让孩子更好地"过海"，到达彼岸，最终到达目的地。

和家长沟通需要刻意隐瞒一些不报；在班级点评后进生的行为时也要帮他们隐瞒一些真实情况，不要把他们的太多缺点公之于众，善于公开制造他们有不少优点的印象；根据孩子的特点，让孩子在班级担任一些班干职务，用督促他人的方式达到监督自己的效果，帮他们树立信心。

后进生需要老师更多的关爱，我们为何不尝试以"亲戚"之名利用课余时间辅导他们？这样总比因为表现不好而被老师留下来更容易让人接受吧！针对性地补缺补漏是帮孩子进一步明确自己前进方向的重要手段。在我们的努力以及家长的配合下适度地隐瞒一些真相，一步一步助他达到目的，小天真的进步成为学习中上、学习习惯有进步的孩子。

第二计　围魏救赵[①]

【原文】

共敌不如分敌，敌阳不如敌阴。

【释义、运用】

当齐救赵时，孙子对田忌说："想理顺乱丝和结绳，只能用手指慢慢去解开，不能握紧拳头去捶打；排解搏斗纠纷，只能动口劝说，不能动手参加。对敌人，应避实就虚，攻其要害，使敌方受到挫折，受到牵制，围困可以自解。"进攻兵力集中、实力强大的敌军，不如使强大的敌军分散减弱了再攻击。攻击敌军的强盛部位，不如攻击敌军的薄弱部分来得有效。"围魏救赵"喻义树敌不可过多，对敌要各个击破，对现在还不忙于消灭的，要隐藏我们

[①] 撰稿：平潭实验小学　翁晓媚

的意图。孩子后进的现象就如一个个敌人，一些"敌人"顽固不化，无法一时消灭，这时就要避开正面攻击，挖掘深层次的心理因素，从一些不太相关的现象入手，树立孩子的自信心，从而自发产生消灭"劲敌"的力量。通过对一些学生运用迂回的"围魏救赵"，达到让孩子有进步表现的目的。

【案例回放】

今年，我又教一年级，在二十多年的教学生涯中，这是我第三次接触一年级的学生。在我的经验中，刚刚步入小学的学生，学习常规需要老师耐心细致的引导并要经历较长的时间。今年教学的这个班，在苦口婆心地常规指导一段时间过后，大部分同学都能按照老师的要求去做，可是班上的泓宇、俊鹏、明强等同学，还是坐不住，上课爱做小动作，爱与同学讲话。潘明强同学去年就已经在一年级就读，由于好动，无法正常安静听课，于是休学了一年。据泓宇、俊鹏两名同学的家长口述，在幼儿园时他们就是老师头疼的对象，经常不按老师的指令擅自行动，让老师处于提心吊胆的状态。好动、注意力不集中、写字不成形，诸多现象让这些孩子成为班上行为习惯、学习成绩及心理发展等方面的后进生，而且这些学生的行为不仅影响了自己正常的听课，也让周围的同学受到牵连，让老师的授课效果大打折扣。

这些长久以来形成的"顽疾"，我尝试过正面纠正，上课时刻关注他们，指出这种行为的不对，提醒他们认真听课；课后辅导写字，辅导功课，但收效甚微。我通过与他们谈心，了解到这些孩子好动已经成为"习惯"，已经不能自控，其中泓宇同学经医生诊断为"多动症"，并建议要吃药。好动造成他们无法认真倾听，并借机影响同学。之前幼儿园的老师也多次向家长反映情况，他们没少受家长的责备甚至挨打，时间久了就产生自卑和自暴自弃的心理，这是深层次的隐性的心理原因，这种心理因素又让他们一次又一次重蹈覆辙，形成好动的"顽疾"。

面对"好动"这个强大的"敌人"，事实证明无法正面击败，我决定另辟蹊径，从树立他们的自信心入手。课堂上我时刻关注他们的闪光点，一发现就及时表扬。在这些孩子好动的行为中，偶有一些转瞬即逝的良好表现，我就会说"泓宇同学今天坐得特别端正""俊鹏同学今天回答问题特别积极"

"明强同学的眼睛能紧紧跟着老师",虽然他们所做的事只是一瞬间,但我都刻意渲染了,不仅语气充满了激情,表情也都是面露欣喜的赞赏的微笑。正想做小动作的他们在我善意的"谎言"下,逐渐把目光集中到我的身上,开始朝我表扬的方向努力。这种鼓励的效果是明显的,这样的"一瞬间"在慢慢地变长,他们受表扬的机会也更多了,脸上也时常洋溢着自信的笑容。

在我的关注下,他们的"好动"不再任意,而是增加了一些"自制"。在自信的前提下,我让他们反思之前的行为,他们的心理排除了抵触,对之前的行为有了正确的评价,并表示愿意改正。在这个基础上再指导缺漏的部分,他们更容易接受,因为他们已经感受到了老师的关爱和受表扬的喜悦,之前的一些"好动""注意力不集中""写字不成形"等现象也逐渐消失。

【案例剖析】

班上的学生大多数是独生子女,在家里他们都是长辈的焦点,是溺爱的对象,还有一些年轻父母忙于生计,很少与孩子沟通,也不懂得如何规范孩子的言行,任由他们我行我素,为孩子任性随意的性格发展提供了"温床"。一些孩子把在家里的不良行为带到学校,这些行为成了阻碍进步的"绊脚石",给自身和同伴的成长带来了困扰。当老师反映孩子的问题时,他们采用的方法多数是简单粗暴对待这些孩子,在孩子的心理上留下了阴影,造成了不同程度的心理问题。一些孩子无所适从,自卑内向,还有一些孩子以暴制暴,发展成校园"欺凌"行为。但他们都有一个共性,那就是不知如何纠正,以致让不良行为逐步形成了习惯。这些习惯就像"顽疾",要想彻底根除,正面解决并不是一个好办法。把此计运用到案例中的这些孩子身上,表面上看,老师表扬的都是与这些"顽疾"毫不相干的现象,实际上通过及时的表扬,不仅满足了孩子喜欢听好话的心理,还肯定了他们的良好习惯,让他们明确努力的方向,逐步树立自信心,意识到先前行为的错误所在,增强内驱力,促使他们自主治愈"顽疾"。有了强大的纠正错误的心理愿景,老师再助他们"一臂之力",帮他们纠常规、补缺漏,逐个消除后进的现象,这样就能达到"事半功倍"的效果。

第三计　借刀杀人[①]

【原文】

敌已明，友未定，引友杀敌，不出自力，以《损》推演。

【释义、运用】

"友"指军事上的盟者，也即除敌我双方之外的第三者中，可以一时结盟而借力的人、集团或国家。友未定，就是说盟友对主战的双方，尚持徘徊、观望的态度，其主意不明不定的情况。所谓借刀杀人，是指在对付敌人的时候，我们自己不动手，反而利用第三方力量去攻击敌人，用以保存自己的实力；再进一步，则巧妙地利用敌人内部的矛盾，使其自相残杀，以达到置敌于死地的目的。那"借刀杀人"如何应用在教育引导后进生上？这个"刀"是什么？我认为这个刀可以是能够帮助后进生养成良好学习习惯或是提升学习成绩的事物。通过对班上同学进行分组，并定期进行小组评比，设立好奖惩制度，每个小组就会为了奖励或者为了不被惩罚而积极提升小组成员的学习能力，借助小组之间的相互竞争、小组内部的互相帮助，来引导班级里的后进生增长学习兴趣，培养后进生的学习习惯，营造良好的学习氛围。

【案例回放】

2019年，我担任了三年级和六年级一、二两个班的英语教师，其中六年二班的后进生较多，主要原因是他们对英语学习不感兴趣，认为太难了，甚至还有一部分同学连26个英语字母都记不全。无论我怎么调整教学方式，都难以调动他们学习英语的积极性。为了提升这些孩子对英语学习的兴趣，养成良好的学习态度，让他们在升上初中时能有一定的英语基础，我绞尽脑汁，

[①] 撰稿：平潭实验小学　李妹妹

运用了很多教学办法，可惜都收效甚微，最后我决定使用"借刀杀人"的计策。

首先，我将六年二班的49个孩子分成7个小组，进行组与组之间竞争，让他们来挑战"不可能"。因此，我将那几个英语基础较弱、上课喜欢吵闹的孩子分开，安插到每个小组去。然后，每天上课检查每个小组的英语学习进度和课堂表现，开展小组评比，表现好的小组每个同学获得加分，表现不好的小组减分。每周统计一次分数，由第一名的小组出题目，让最后两名的小组来完成挑战"不可能"。赢的孩子们都会想出五花八门的办法来考他们，而他们也会拿出十八般武艺来接受挑战。

其次，我会在每个小组中安排几个责任心强、愿意帮助同学的学生。这些孩子有责任心，有决心，有定力，当小组里的后进生在学习中出现厌学心理、上课交头接耳等现象，他们也能够站出来及时提醒、及时督促。

再次，我在课堂上会开展一些补足英语学习基础的活动，主要还是针对一部分同学，他们英语功底不高，英语字母都没法认齐，像是每天上课前默写英语字母和英语单词速记等，我也会将这些作为加分项目纳入小组评分，帮助这些孩子能够跟上小组的学习进程。

这样的教育方式持续了几天，班级里就出现了翻天覆地的变化。每个人都在想，什么时候轮到我们来出题，让他们也来挑战"不可能"。课后，知识吸收程度好的孩子会第一时间到小组里的后进生旁边，帮他详细讲解课堂上学到的知识点，帮助他答疑解惑；放学后，小组成员也会围着他，关切地问他今天听懂没、作业能否完成。在这样的氛围下，后进生也开始自觉学习英语，因为他的表现已经不是他一个人的，而是全组的，也想把自己队员的想法拿出来考考别人，如果他扯了后腿，使全组的成绩都受到影响，不仅要面临挑战"不可能"，还要面对小组其他成员失望的目光。这就是团体压力效应的"借刀杀人"之计。

这次"借刀杀人"计策的实施，收效是非常显著的。孩子们是有团队精神的，为了能够让自己的小组得到第一名，他们也会热心帮助小组中的后进生学习，提升小组的总体英语水平。每周第一名的小组都会获得出题机会，为了每周都能够得到第一名，这个小组也会继续努力。而其他小组成员看到第一名的小组出些"稀奇古怪"的问题来考他们，他们也会"拼命"学习，争取获得第一名，也想让其他小组来尝尝一些"刁钻"的问题。他们这样互相影响互相帮助，就会激发他们学习英语的动力。现在每个小组里后进生学习英语的兴趣和学习态度都有了翻天覆地的变化。

【案例剖析】

法国著名思想家、教育家卢梭曾经这样说："人生当中最危险的一段时间是从出生到 12 岁。在这段时间中，如果不采取摧毁种种错误和恶习的手段的话，它们就会发芽滋长，以致后来采取手段去改的时候，它们已经是扎下了深根，永远无法拔掉和剔除了。"转化后进生不仅需要我们教师的不懈努力和引导，我们也可以借助班级分组这把刀，巧妙地引导小组之间开展相互竞争，发动好同学之间帮助监督，营造良好的学习氛围，多用方式方法，帮助后进生成长进步。

从上面的案例我们可以看出，孩子们其实有着很强的表现欲，都渴望被大人承认和欣赏。通过每周一次的小组之间互相竞赛，可以培养孩子们的竞争意识，使整个课堂上呈现小组间你争我抢、积极踊跃回答问题的气氛。比如，为了使小组里的同学都能够获得奖励或者免于惩罚，原来不爱学习或者上课表现不佳的同学，也会积极主动起来，上课减少嬉笑打闹，自觉认真读书。

从上面的案例我们可以看出，后进生转化需要的不仅仅是老师的谆谆教诲，同学们的内部帮助引导也是必不可少的，一个学生在学校学习过程中，不可避免地会受到老师和同学的影响。故而我们以小组为单位，让小组里面的同学互相帮助、互相监督，如果有人上课开小差，或者嬉戏打闹，小组成员就会督促他们参与学习；如果小组成员有人对部分单元知识吸收得不好，小组成员也会聚在一起，帮助他答疑解惑，让后进生也能在小组里发挥自己的作用，营造良好的学习氛围。

在开展分小组学习的过程中，我也发现部分学生会存在以下现象：有些孩子埋怨"扯后腿"的同学，有些孩子一味地为了加分而学习等。面对这种情况，我们老师要及时纠正引导，与学生们谈心，开展一些与学习有关的趣味活动，培养孩子们的情感，提升孩子们学习的兴趣，让孩子们回到正常的竞争轨道上来。

第四计　以逸待劳[①]

【原文】

困敌之势，不以战。损刚益柔。

【释义、运用】

以逸待劳，不是贪图安逸，不是耍小聪明，而是一种智慧，是居高临下看问题，通观全局来思考。战场以逸待劳，要先把握时机，抢得有利地势，然后我军逸——养精蓄锐，敌方劳——体力消耗，在天时地利人和的基础上，一鼓作气，取得胜利。

以逸待劳，在教育上，就是把握儿童发展规律，在孩子心理成长的自主期（时机）多鼓励、多引导，给予孩子自我调整的机会（空间），我们不怕孩子犯错（人和），无条件接纳。这样的孩子心智发育成熟，在孩子以后的成长阶段，将会更加阳光健康。在正确的节点做正确的事，把握发展关键期和敏感期，就是教育最好的以逸待劳。

【案例回放】

这个故事发生在去年的9月，新学期我新接了一个班。开学不久的一节课，我们像平时那样上着课，却毫无征兆地发生了我从教至今第一次遇到的突发事件——陈同学在课堂上莫名暴跳如雷。但一学期下来，他在我的"以逸待劳"中没有再次发作，学会控制自己的情绪了。

那天，课在轻松的氛围中愉快进行着。突然，陈同学大吼一声跳了起来，

[①] 撰稿：平潭实验小学　李岚英

还没等我反应过来，他一边嘴里絮絮叨叨哭喊着，一边用力推动桌椅，把自己的桌子推得歪歪斜斜，还不解气，开始把桌上的东西扔到地上，甚至不让同桌坐在椅子上。我本能地过去想抱住他，想使他安静下来，没想到的是，小小的他不知哪来的力气把我推开，没站稳的我还后退了好几步。他更疯狂地冲桌椅发脾气，大幅度推动着自己的桌椅，祸及前后好几桌的同学。让我没有想到的是其他同学没有惊慌，他们自觉地避让，他们听话且有序地离开自己的座位，站到安全的区域去。我再次试着走近他，制止他的狂躁之举，刚靠近，他双臂一振，又再次挣脱了我想抱住他的双手，箭一般冲向教室后头，对着墙壁拳打脚踢，嘴里喊着："……我要去死！我要去死！……"

我跟到后头，站在陈同学的身边，观察他的举动，他其实也没有几个是真的打墙，虚张声势而已，我让刚才在这避险的孩子回到座位，安排孩子们完成《写字课堂》，本来是想这样可以缓解其他同学的紧张，也避免因为我顾了陈同学，其他同学无所事事，出现另外一种混乱。孩子们很听话，很快就安静地书写起来。我继续站在他身边，没有制止他的"宣泄"。

随着教室的安静，估计是累了，估计是没有了观众，陈同学停下了对墙的"拳打脚踢"，攥着拳头在那儿哭。这时，我第三次向他伸出双手，这次他没有拒绝。我把他拥进怀里，找了个座位，让他坐在我的腿上，继续哭着。

待到他情绪平复得差不多的时候，我开始了解情况。在叙述中，他一直用手掐自己的脖子，一会儿像哑巴一样比画着，一会儿嘟嘟囔囔着，还有好几次激动得语无伦次，以致我听不清楚他说的。费了好大劲，终于明白：他在暑假刚做了一个喉咙手术，现在不能生气，不能说话。因此，他是个特殊的人，大家都要照顾他，让着他，不能说他的不是。而他的同桌却处处说他不好，从来都不肯定他，他感觉受不了，才有开头的一幕。说着说着，他还激动地起身嚷嚷着："要不给我换个同桌，要不我就去死！……"

我不像刚开始那样紧张了，任他嚷嚷，见我没有制止他，他不仅很快安静下来，一屁股又坐到我的腿上，攥紧拳头的双臂举到半空也收了回来。我开始与他交谈，在交谈中，他知道了：同桌否定他，是同桌不懂得肯定别人，你不舒服可以与老师说，让老师帮你解决。因为忍不住在课堂上暴跳如雷，影响同学上课更不对，而且这样的行为对自己伤害更大。他还是强烈要求要换同桌，我没有马上答应他，告诉他：因为我也要找你的同桌了解情况。另外，他刚才的举动非常不对，要为自己的行为付出一点代价——不能你想怎么样就怎样。最后，我告诉他，这样的事没有下一次。他见我态度坚决，也看到同学们都在写作业，估计也担心自己的作业，答应了回到自己的座位上。

在交谈中，我也知道了，他不仅是性子急了点，更主要的是太自我了，事后，还以自己是"病人"为由开脱。

旁边的同学也告诉我，他在一年级也发生过几次类似的情况，孩子们也告诉我之前发生这样的情况一般是怎样收场的。

事后，我也第一时间与家长交流，知道因为他经常感冒，假期动了扁桃体的手术，现在恢复差不多了。平时，在家里不开心他也会这样激动，甚至摔东西。

我明白了这是一个以自我为中心的孩子，我清楚知道他稍有不开心又会故技重演，因为之前在家、在学校，他以这样的方式屡屡达成了自己的意愿。

果不出所料，有一次排队，不知何因，他又攥紧拳头想打人，眼看着我，我很淡定地看着他，估计想起我上次的坚决态度和约定，他举起的小手没有朝向身边的同学。在他放下手的同时，我伸出手握住了他放下的小手。这次路队，我是他的同行伙伴，我们走在队伍的最前面。

以后，有好几次他要爆发，明白在我这儿他的这招不好使都忍住了。一学年下来，他没有再出现之前的歇斯底里的举动，遇事开始讲道理了，也能与同伴友好相处了。

【案例剖析】

曾有人说过一句话："能说的时候会说是聪明，不该说的时候不说是精明，知道什么时候该说什么时候不该说是高明！"老师该管的时候管，是责任，不该管的时候不管，是放手！知道什么时候该管，什么时候不该管，是智慧——以逸待劳！

这是典型被家庭宠坏的孩子。平时因为体质弱，所以备受家中长辈娇宠，尽可能满足他的要求，助长了他以自我为中心的心理，稍不如意就哭闹，甚至喊着要死要活的，慢慢地，处理不好就是我们日常教学中的不定时炸弹。

对于一个二年级的孩子，他的"自我中心"是被宠出来的，这种心理也不是很强大，教育者应该及时拨乱反正，以逸待劳的策略让我成功削弱了他的"嚣张气焰"，这也是我们管理者应该具有的思维。

第五计　趁火打劫[①]

【原文】

敌之害大，就势取利，刚夬柔也。

【释义、运用】

趁火打劫是中国古代三十六个兵法策略之第五计，是指趁人家失火时去抢劫，比喻乘人之危谋取私利。原文释义如下：

敌之害大：害，指敌人所遭遇到的困难、危厄的处境。

刚夬（卦名）柔也：语出《易经·夬》卦。夬，卦名。本卦为异卦相叠（乾下兑上）。上卦为兑，兑为泽；下卦为乾，乾为天。兑上乾下，意为有洪水涨上天之象。《夬》的《象》辞说："夬，决也。刚决柔也。"决，冲决、冲开、去掉的意思。因乾卦为六十四卦的第一卦，乾为天，是大吉大利，吉利的贞卜，所以此卦的本义是力争上游，刚健不屈。

所谓刚决柔，就是下乾这个阳刚之卦，在冲决上兑这个阴柔的卦。此计是以"刚"喻己，以"柔"喻敌，言乘敌之危，就势而取胜的意思。

趁火打劫之计的使用，在中国历史上层出不穷。此计用在军事上指的是：当敌方遇到麻烦或危难的时候，就要乘此机会进兵出击，制服对手。它的特点，就是利用时机，果断地打击对方。而此计延伸到现代社会的学生教育中，就要巧妙地应用它的特点，使教育效果最大化。体现为当学生犯错、遇到困难、遭受挫折的时候，这时最需要帮助，最需要温暖，也是教育效果最好的

[①] 撰稿：平潭实验小学　林正惠

时机。此时，教师择机介入，可以适当让学生体验深刻教训，再晓之以理、动之以情，用自己的真情付出去感化学生，使对学生的教育深刻而持久，达成转化的目的。

【案例回放】

新学期，我接任五年5班的数学教学，这个班是个公认的后进班，班级学生调皮、好动，行为习惯不好的孩子居多，给班级管理加大难度，科任老师反映事例较多，意见较大。其中的雨皓同学，性格外向，大大咧咧，好动，总爱跟同学开玩笑，是个坐不住的孩子，行为习惯不良，可以说，小错不断，大错没犯，平时课间或课后总有同学告状，多是行为不端，或是好动，爱开开玩笑造成的违纪违规，受到同学的反感，经教育，能够接受老师的批评，也表示改正自己的错误，但总是嘻嘻哈哈，屡教不改，屡教屡犯，令人头疼。一次下午第一节体育课课间，雨皓同学从操场回到教室，完全还处于一种体育课的乐动兴奋状态，又跟同学跑着开玩笑，结果被同学从二楼追到三楼，倒退着跑出三楼的楼梯口，撞到一个准备上洗手间的四年级同学，由于开玩笑时没关注前方，冲劲又大，造成该同学脸部撞击墙面，受伤严重，满面是血，伤口缝了4针。真是一次深刻的教训！此事发生后，经及时送医，医生检查处理，所幸孩子脑部无障，只是外伤。这样的校园伤害事件发生，对雨皓同学来说，内心触动较大。我瞅准是个很好的教育时机。我目睹了他的害怕、伤心和无助，了解了事情的来龙去脉后，我不动声色，让他先跟父母回去，停止学习，好好在家反思一天，并要求他把发生事故的过程详细写下来，做出深刻检讨。第三天，双方父母到校协调善后事宜，为了达成"趁火打劫"的效果，我特地叫他参加，让他亲历事件调解的过程。协商调解中，双方家长的批评指责、医治费用（包括现场治疗一千多元、伤痕恢复、后遗症的防护）的沟通、老师的尽力撮合和受伤孩子在家休息的学习辅导等都加深对他的事故体验，让他深刻体会不良行为习惯造成伤害的沉重代价。从他所写的事件过程、反思教训、检讨情况和后来进一步的沟通交流，明显感受到他的决心和悔改。下学期的学习生活，良好的行为习惯开始在雨皓身上呈现了，他开始稳重、内敛了，能够克制自己，不再恣意妄为，爱动、随意开玩笑的现象少了，也注意团结同学，渐渐受到同学的欢迎，学习也开始明显长进！

【案例剖析】

雨皓同学形成这样的个性、养成这样的行为习惯，应该说与他的家庭教育环境和幼儿时期的培养有很大的关系。他的家庭教育与相当部分独生子女的家庭教育相似，是一个很好的可借鉴的教育案例。经沟通了解，雨皓同学的父母生了四个孩子，他是家中的老幺，也是唯一的男孩，从小在家中就受到每个家庭成员的疼爱，由着性子做事，父母对他的教育多以讲道理为主，多纵容，做错事少责怪，从小形成嘻嘻哈哈、好动、责任感弱的不良性格。这样的孩子进入小学后，表现为学习、为人处世轻浮不踏实，老师的教育是要煞费苦心的。可喜的是，这样的孩子行为习惯不足，但智力没受到影响，学习如果没有受到不良习惯影响是可以取得优秀成绩的，因此，转化这样的后进生用"趁火打劫"的策略是可以收到良好效果的。趁火打劫本是贬义词，德育工作中应用此计正是要突显学生的"火"，把准教育的时机，打好"劫"，有必要时要适当打击，加深体验，形成深刻的教训。扩大反面作用，彰显正面教育效果，促进学生成长，整改不良习惯。用好此计不一定要等到出现重大教育事故才可实施，这里的"火"也可以是学生学习上的、生活中的、家庭中的事件，可以是犯错，也可以是成绩较大波动，还可以是家庭、生活中遇到的困难。老师怀着一颗爱心，为了学生的健康成长，找准介入时机，有"火"的体验、深刻的教训，经过晓之以理、动之以情的正面教育，容易收到显著的教育效果。

第六计　声东击西[①]

【原文】

敌志乱萃，不虞。坤下兑上之象，利其不自主而取之。

[①] 撰稿：平潭实验小学　姚岚

【释义、运用】

运用"坤下兑上"之卦象的象理,喻"敌志乱萃"而造成了错失丛杂、危机四伏的处境,我则要抓住敌人这不能自控的混乱之势,机动灵活地运用时东时西,似打似离,不攻而示它以攻,欲攻而又示之以不攻等战术,进一步造成敌人的错觉,出其不意地一举夺胜。声张击东而实击西,用以迷惑敌人,造成敌人错觉,给予出其不意的攻击。通过对孩子运用"声东击西",出其不意,约束自己,影响别人,从而纠正不良行为,激励自我和他人形成更规范、更正面的行为习惯。

【案例回放】

班上总有一些比较调皮的男生,在课间开玩笑、打闹,因为年纪小,开玩笑、打闹经常没有分寸,就演变成同学之间的纠纷和摩擦,并在班级中造成了较为不好的影响,为了处理这些纠纷和摩擦,甚至干扰到正常的学习秩序。为了彻底改变这群熊孩子的顽劣行为,教师采取了一系列策略和措施。先了解这些调皮的男生中总有一个最先挑起事端的人,或者说"中心人物",经询问了解,这些男生中的卿卿(化名)极其爱闹,每次都是积极怂恿其他伙伴参与过激行为,而自己又会指挥大家,事后又能巧妙地推脱自身。了解情况后,等到合适契机,这些熊孩子又因为小事情打闹了,老师就把这些参与的男孩叫到一起,包括卿卿,教育了这些男孩,告诉他们这件事情虽小,但影响却很糟糕,还特别对其中一个男孩的某一具体行为进行严厉批评。在这个过程中都未对卿卿这个男生进行个别批评,但让他在其中观察、感受整个教育过程。老师留意观察了卿卿的表情,看得出来,他的表情发生了微妙的变化,应该是有所触动了,因为在这件事中他有不可推卸的责任,而老师在处理过程中,却只字未提他,在个别批评其他男生时,眼睛却看着他,这个眼神让卿卿心虚,很明显他已经意识到自己的错误,但碍于面子他并没有站出来,老师和同伴也并没戳穿他。这件事情似乎已经解决了,大家都各自回去,但在其他同伴走后,老师却单独留下卿卿谈话。卿卿感觉很意外也有些慌张,老师一改刚才严厉的语气,让卿卿坐在身边,拉开聊天的架势,主动亲近他，问他知道为什么特意把他留下来不，卿卿摇摇头。老师告诉他，已经知道他在整件事情中的行为了，这时，卿卿有点慌张。接下来老师继续追问他，之前的几件类似事情是不是也是他主导的，卿卿支支吾吾，似乎还想狡辩些什么，但老师在他想到推脱之词前就故意胸有成竹地说老师已经了解了所有情况，还有了充足的证据。此时，卿卿已经不想狡辩了，他红着脸低下头。老师知道此刻的他心理防线彻底崩塌，他已经意识到在这些事情中自己已经无法藏身了，再加上刚才亲历老师处理事情的全过程，他已经意识到自己的错误行为。这时，老师再告诉他，其实老师已经知道了他之前所做的所有事情，但不在伙伴中戳穿他，是因为在老师的心里他是个懂事、有担当的小男子汉，相信他能认识到自己的错误，并勇于承担，还可以利用自己在伙伴中影响力，督促和帮助其他伙伴约束自己的行为。卿卿听了老师的教诲，重重地点点头，承认了自己的错误，并表示以后一定会管好自己，并劝导其他伙伴和谐相处。老师大大肯定了他，并表示期待他的表现。在接下来的一段时间，这些原来爱捣蛋的熊孩子违纪行为果然减少，甚至还出现刚有人想违纪的苗头就已经被周围的伙伴制止劝导了，这里当然有卿卿的"中心人物"领导力的作用了。这个时候，老师并没有忽略这一转变，再次抓住机会，当众表扬了卿卿顾大局的行为，还鼓励大家向他学习，并希望再接再厉。就这样，没多久这些熊孩子就乖顺了，基本达到零差评了。

【案例剖析】

"人之初，性本善；性相近，习相远"，人的本性皆善良，更何况尚在懵懂时期的孩子，他们只是缺少是非判断能力和自我约束意识，需要激发孩子内在的自控力，并外化于实际行为。基于上述案例，采取"声东击西"策略，规范其行为。案例中，先"知己知彼"，类似事情频繁发生，总是有原因的，因此要先充分地了解情况，找出频发事件的原因，并找到事件中的主角，即"中心人物"，这样的了解也为后面的个别谈话奠定了基础。再"出其不意"，案例中，教师虽然在批评教育其他孩子，还特地突出某一个男孩的某一行为，表面上是针对这个男孩的教育，实际上也在映射有此行为的另一男孩，即"中心人物"，但在同伴面前又不指出其错误，那是因为之前了解到了这个男孩自尊心强，又善于推脱，所以故意大肆渲染其他同伴的错误行为，目的是通过其他同伴的行为来观照他的行为，使其从内心意识到自己的错误，既保护了他的自尊心，又让他内省。但到这时，内省还只是初步的，还需进一步地推波助澜。在大家都以为事情已经结束后，又单独留下"中心人物"谈话，出其不意，这时他才彻底认识到自己的错误，老师又从他身上找到他的闪光点，并鼓励他争取新的作为，这样能让学生感受到老师是理解自己的，是和自己站在同一边的，这样师生之间就有了更多的信任，学生才有了更多的决心和信心约束自己，规范自己的行为。最后"推己及人"，孩子在自己的转变得到老师的肯定和鼓励后，感受到了自己获得尊重和认可，就会利用自己在同伴中的影响力逐步规劝和引导，由点到面，逐步形成一股正面、良好的氛围，使伙伴之间互相正面影响，彼此促进，共同进步，效果是可喜的！

第二组块：敌战计·棋逢对手

　　敌战计是与敌匹敌，势均力敌，设法突破僵局之计。指要在敌我双方对峙的情况下有意识地主动创造有利于我方的条件和时机，造成敌方的错觉，使之处于被动，受制于我。在现在商战中也被广泛运用，成为制胜法宝。其情景就像"两个就清风山下厮杀，乃是棋逢敌手难藏幸，将遇良才好用功"（《水浒传》第三十四回）。

　　对后进生的教育转化需要爱心、耐心、恒心，同时，要从心理学角度，加强科学研究，根据教育对象的心理承受力，掌握适当的尺度。随着经济发展和社会进步，现代少年儿童知识面比过去开阔得多，如果教育形式单调，像老太婆一般喋喋不休地重复单一的内容，学生肯定感到厌烦，久之，就会形成逆反心理，尤其是老师"棋逢对手"遇上了聪明过人的后进生，稍不小心就会"掉进"他给你设的套里。所以，我们要很好地掌握这个"度"，该讲的话还得讲，个别谈话，毕竟还是一种很重要的教育形式，但要有分寸，要适可而止。在教育转化后进生中，我们一些很有智慧的老师常常也"棋逢对手，将遇良才"，他们自然也会围绕着"无中生有""暗度陈仓""隔岸观火""笑里藏刀""李代桃僵""顺手牵羊"意境设计教育方略了。

第七计　无中生有[①]

【原文】

诳也，非诳也，实其所诳也。少阴、太阴、太阳。

【释义、运用】

①诳也，非诳也，实其所诳也：诳，欺诈、诳骗。实，实在，真实，此处作意动词。句意为：运用假象欺骗对方，但并非一假到底，而是让对方把受骗的假象当成真相。

②少阴、太阴、太阳：此"阴"指假象，"阳"指真相。句意为：用大大小小的假象去掩护真相。

用假象欺骗敌人，但并不是完全弄虚作假，而是要巧妙地由假变真，由虚变实，以各种假象掩盖真相，造成敌人的错觉，出其不意地打击敌人。这就是《易》经中所说的少阴、太阴、太阳互相转化的道理。

这一计策出自《老子·四十章》："天下万物生于有，有生于无。"老子揭示了万物有与无相互依存、相互变化的规律。兵书《尉缭子·战权》中主张以"无"道假象迷惑敌人，乘敌人对"无"习以为常之际，化无为有，以虚为实，出其不备，打击敌人。把老子的辩证思想运用到军事上，进一步分析虚无与实有的关系。

可见，本计的特点是，制造一种假象，有意让敌人识破，使之失去警惕，然后又化无为有、化假为真、化虚为实；真的攻击敌人了，而敌人却依然以

[①]　撰稿：平潭实验小学　刘丽华

为是假,不做防备,从而为我所乘,战而胜之。

当然,无中生有属于疑兵之计,欺骗敌人让敌人信以为真。这一计策无法长期使用,因为假的早晚会有被察觉的时候,有的时候需要早做决断,避免对手察觉。

【案例回放】

那年,我接了二年级的一个班,刚开始,就发现有一个学生,根本不认真听课,整节课坐在后面,屁股像抹了油似的,手也动个没完没了,还时不时离开位子,一会儿拿其他同学的东西,一会儿趴在地上玩弄着什么,一会儿又跟其他同学在后面开玩笑。下课时也不是省油的灯,爱惹是生非,见谁打谁,其他孩子见了他便像躲避瘟疫似的远远地躲开。因此,只要班上有什么坏事,孩子们就自然而然地想到他,他成了过街老鼠。可尽管这样,每次不论是老师还是学生说到他干坏事时,他都矢口否认,我们告知其家长,家长问其是否动手打人,他只是一味地摇头、狡辩。这样造成我们与家长之间的矛盾。

一次,我亲眼看到他手里握着一大把削好的笔插向前面一名同学的背部,那同学疼得紧闭双眼、直咧嘴,眼泪都流下来了。我急忙过去先安慰这名受伤的同学,再把其叫到办公室,当场质问他刚才为什么打同学,可他睁着一双大眼睛看着我,若无其事地说:"没有哇,我没打人。"说着又低下头玩弄着那双脏兮兮的手,这下我忍无可忍,恐吓他说:"学校处处都装监控,可以看到各个班级里的每个学生每时每刻的表现,如果你不说实话,我现在就带你到校长室看监控。"这下他吓坏了,连连摆手说:"我不去。"我趁热打铁:"那你老实告诉我刚才是否欺负了前面的同学。"他马上承认有。我让他怎么做的如实招来,骗他万一说的跟监控里看到的不一样,肯定在全校师生大会上批评,他连连点头表示愿意配合,便一一道出实情。此时,我顺水推舟,让他先向被欺负的同学道歉,再让他把刚才犯的错误一五一十地告诉家长,并与家长一起引导他,让他说出平时爱捣乱、爱打人的真正原因。他一脸无辜地说:"我也想好好表现啊,可不知道手为什么老爱动。"其母亲也反映其在家里也表现不好,我建议其父母带他去医院检查检查。

接下来，我不断地鼓励他多为班级或同学干好事，并悄悄观察，每当表现得好时，我就来个善意的谎言，骗他说刚才在监控里发现他干了哪些好事，还顺便把他不经意间不好的表现也说出来，他眨巴着那双乌黑发亮的大眼睛说："你说的真准。"我微笑着点点头，并给他一张表扬信，这下他乐坏了，变得更听话了。当然，他有时还是会忍不住动手，我骗他从监控里又看到他打人的同时，还耐心地教导他，他也变得更加乖顺懂事，渐渐地成为一个遵守纪律的好孩子。

【案例剖析】

面对一小部分调皮捣蛋又爱撒谎的学生，真的很头疼，这给老师，特别是班主任带来很大的麻烦，甚至造成家长和家长、家长和老师之间的矛盾。如果能够抓住低年级孩子的心理特点，根据实际情况，通过另一种方式，化无为有，化虚为实，遏制其干了坏事还不承认的坏习惯，使其改正，这也是我们教书育人道路中的一个闪光点。

根据低年级孩子年龄尚小，"比较好骗"这一特点，平时悄悄观察他的一举一动，再骗他从监控里看到他的这些行为，让其感到又惊又喜，从而认识到自己所做的一切老师都可以从监控里知道，督促其要好好表现。虽然监控里并没有真正录下他的一举一动，这就是所谓的"无"，但他的表现确实是这么一回事，就是所谓"有"，通过善意的谎言，用另一种方式肯定其一言一行，让孩子觉得老师没有撒谎，自己确实是这么做的，达到所谓的"无中生有"。引导其自我约束，慢慢改掉不良习惯，养成良好的行为习惯，做一个诚实的孩子，从而也化解了家长与家长、家长与老师之间的矛盾，形成一个和谐融洽的班集体。

当然，对于"无中生有"，我们应该采取什么防范措施呢？首先，保持理性。任何时候都不让负面情绪左右自己，理性分析其行动，探究其背后真实意图，以不变应万变。其次，敏锐观察。如果其重复做同样的事情，特别是被拆穿的把戏再做，一定要提高警惕观察并了解其中真正的原因。

第八计　暗度陈仓[①]

【原文】

示之以动，利其静而有主，"益动而巽"。

【释义、运用】

故意向敌人的某一方向进行佯攻以吸引敌人的注意力，然后利用敌人已决定在这一方面固守的时机，悄悄地迂回到另一个地方进行偷袭。这就是《易·益》卦中所说的乘虚而入，出奇制胜。

作为被认定的后进生，心理尤为敏感、脆弱。我们在做后进生工作的时候，稍不留神，一句无心的话语、一个冷漠的眼神就可能让后进生变得消极、自卑，抵制别人的帮助，破罐子破摔。所以作为教师的我们可以将真实的意图隐藏起来，先利用明显、互不相干的动作来吸引对方，迷惑住对方，然后暗地里采取行动，走近后进生，及时了解他们的思想动态，从而达到出奇制胜的目的。

【案例回放】

刚接的班上有个小东同学，他独来独往，对老师也爱理不理的，是一个性格内向的孩子。我布置的作业，他很少完成；课堂上常常故意发出怪叫声，有时和同桌拌嘴，有时自个儿玩得不亦乐乎，用尺子敲打文具盒，发出声响吸引老师同学的注意。课后，我没少批评他："你为什么总是这样？自己不好好学习，为什么要影响别人？这到底是什么原因？"可是，他就是不说一句话，只是低着头，偶尔撩起眼皮瞅瞅我。几次"较量"，他都以这样的一副样子"接招"，任由我苦口婆心，好言相劝，依然我行我素。

[①] 撰稿：平潭实验小学　魏云娥

为了更快地对这些刚接手的孩子有所了解，我在班上挂了一本"心里悄悄话"谈心本，鼓励孩子们把心里最想说又不敢说的话写在本子上，可以写给老师，也可以写给班上任意一名同学。令人意外的是，我看到小东在谈心本上的留言："老师，上课时您很少看我，虽然我坐在第一排，您总是把目光投向别的地方，我就故意这样做，好引起您的注意……"

看到他的心里话，我震惊不已。平时上课的时候，我经常走到教室的中间，扫视班上的每一个角落，怎么就偏偏忽略了坐在第一排的同学呢？原来他的搞怪、做小动作不听课，都是为了引起我的注意呀！真是令我惭愧，我暗暗自责，多么粗心啊，冷落了他，还狠狠地批评了他。我立马提笔写下了回复："小东对不起，老师很自责，不够关心你，没有真正了解你。"

后来又发生了一件出乎我意料的事。班级学生多是独生子女，娇生惯养，不关己的事总是被高高挂起，责任感不强，班集体的事情常常熟视无睹。尽管我也苦口婆心教育了好几回，但效果还是不理想。一次我特意安排了一场"考试"，故意放一把扫把靠在教室的前门边上，一块抹布扔在后门的门口，然后我站在走廊，静静地等候观察。学生们做完课间操陆续回到教室，对门口的扫把、抹布竟然视而不见，没有人弯腰捡起来。这时，落在队伍后面的小东过来了，他正想跨进教室的前门时，看到横躺在地面的扫把，愣了一下，便弯腰捡起来，并放进卫生角。我走上讲台，严肃地向全班同学宣布："一场特殊的考试，全班只有小东优秀！"我详细介绍了刚才发生的一幕，顿时，班上响起了热烈的掌声。我借机大大地表扬了小东，同时教育学生要关心班级，要有主人翁意识。此后，关心班级的人多了，为集体服务的人也多了。

从那以后，我时刻关注小东，课堂上经常提问他，课下找他谈天。慢慢地，小东变得自信了，上课也安分多了，会专心听课了。他与同学的交流也多了，会来往了，性格开朗了许多。

【案例剖析】

学生是一个具有能动性的主体，他有自己的思维、想法，加之正处于人生的重要成长阶段，逆反心理强。要真正做好后进生工作，我们必须要研究学生，要知道学生的真实想法；及时了解后进生的思想动态，掌握第一手资料；要常与后进生进行交流，一句问候，一段鼓励，会使学生感到格外兴奋；几句交谈，几番交心，会使学生感到分外踏实。通过深入细致地观察学生，采用行之有效的办法，及时了解学生的各种变化，帮助他们消除各种思想疑惑。做到暗度陈仓，摸清后进生的实际情况，然后"对症下药"。

我们用关心、尊重、理解、信任的目光，把后进生看成与自己身份平等的人，切实做到尊重，尊重他的人格，尊重他的想法，并积极为他们构建一个民主平等、和谐、充满乐趣的教育环境。唯其如此，学生才会信任你，才会把你当作朋友，才会愿意听从你的教导。

孙子兵法曰：攻城为下，攻心为上。所有的老师，如果心中有爱，去掉"有色眼镜"，就能在转变后进生上收获多多。孩子是纯真可爱的，作为教师，要尽可能地走进他们丰富的世界里，努力成为他们的知心朋友，真切地感受他们的喜怒哀乐。要真正做好后进生工作，我们必须研究学生，要知道他们的真实想法，知己知彼，百战不殆。只有走近他们，才能及时抓住教育的契机，化教育理念为正确的教育行为，收获良好的教育效果。

美国心理学家威廉·詹姆斯有句名言："人性最深刻的原则就是希望别人对自己加以赏识。"他还发现，一个没有受过激励的人仅能发挥其能力的20%—30%，而当他受到激励后，其能力可以发挥80%—90%。有时候，鼓励和表扬的话语确实能帮助孩子重新认识自己，树立起更多自信。但这并不够，更重要的是要让我们给他们展示自己的机会，让他们看到自己有多么棒、多么受欢迎。因此，教师的任务就是为他们创造这样的机会，并且多多益善。

第九计　隔岸观火[①]

【原文】

阳乖序乱，阴以待逆。暴戾恣睢，其势自毙。顺以动豫，豫顺以动。

[①] 撰稿：平潭实验小学　林兰琼

【释义、运用】

敌人内部分裂，秩序混乱，我便等待他发生暴乱，那时敌人穷凶极恶，反目仇杀，势必自行灭亡。我要根据敌人变动做好准备，做好准备之后，还要根据敌人的变动而行动。隔岸观火，意思是在河的这岸看对岸失火，比喻在别人出现危难时，袖手旁观，从中得到好处。当然，隔岸观火之计，不等于站在旁边看热闹，而是静观其变，一旦时机成熟，就要改"坐观"为"出击"，以取得胜利为目的。借用此计转化后进生，旨在通过对后进生多方面的深入了解，不急于"凑热闹"攻"心"，而是在"起火"中观其动态，寻找打破壁垒的突破口，伺机出击，瓦解他们的"心理防线"，达到转化的目的。

【案例回放】

某日上午值日后回家，刚进车库，手机骤然响起，接听得知班级一生放学后和同学闹不愉快，心情烦躁，待其他同学离开后，把自己反锁在教室里，班主任无计可施之时，请来孩子的奶奶共商对策。孩子的奶奶告知老师孩子性格怪异，在家也因一些事情出现类似"关闭"自己的行为。学校不比家庭，放学期间，孩子在心烦意躁之时拉上窗帘，关上窗门，独自一人在教室里，老师的担心是可想而知的，于是向我发出了"求助"的信号。

欲想了解"火势"情况，不可错过观"火"现场。我当即掉转车头，奔向学校。途中，脑海里浮现出一幕幕当时自己身处"火海"的场景。接班时，该生上课时违反课堂纪律，自己不听课，开小差，还多次干扰他人听课，当我向其提出警告时，该生瞬间"大变脸"，原本还嬉皮笑脸的他，突然"面目狰狞"地向我发起挑战，直立、怒目而视，"故意"整出一系列的幺蛾子和我对着干。我无计可施之时，选择了相对明智的办法——采取冷处理的方式。班主任也经常告诉我，某某同学又和同学发生争执，还动了手脚；某某同学作业不完成，还威胁他人代其完成，否则就没有好下场……这一场场的"火情"告急，让我选择了从身临其境到"隔岸观火"的转身，几次尝试，收到了较好的效果。今天的这一场"火"，我又是个"观望者"。

到达班级门口时，窗户已打开一小缝，孩子眼神里流露出一种桀骜不驯却又无助的样子,班主任和奶奶站立在窗户两侧,正动员孩子开门,可他却无动于衷。我站在教室的走廊,故作不理睬状态,而是静听他们之间的对话,待老师、奶奶和孩子的对话因无效而"无语"时,我暗示班主任和奶奶不必再继续动员。等孩子刷存在感的欲望渐渐淡下来,我走到窗户前,抱紧孩子的头,用自己的双臂紧紧地裹住他,因为我了解这个孩子的家庭背景,这是一个缺乏母爱的孩子。我俯在他的耳边,对他今天的表现,评价了两点。其一,能够打开窗户和老师、奶奶交流;其二,不可控制的行为爆发的间隔时间拉长了。之后,我提出让他打开门,让我一个人进去和他交谈。迟疑了一小会儿,孩子打开了门缝,我挤进门后,拥抱了孩子,孩子告诉我,他想妈妈了!……

这是一个离异家庭的孩子,因家庭的教育问题,祖辈对孩子"错爱有加",久而久之,孩子身上经常出现火星四溅的情况。作为教育工作者,要思考的是,如何在隔岸观火之后,让火势得以控制,不再蔓延,且能够减少火苗点燃的频率直至回归正常状态。

【案例剖析】

后进生有多种类别,有学习后进的,有行为后进的,有心理偏激的,还有的多种并存……很多时候,我们(转化者)对后进生的想法与做法不可理解,或是感觉到不可理喻。在教育问题上一而再,再而三地苦口婆心,或是做好了充分的静待花开的良好心态的准备,却收效甚微或是未见成效,甚至有时被孩子"捉弄"达到了"是可忍,孰不可忍"的"境界",于是放弃了跟进教育,任其采取"破罐子破摔"的激进的方法,结果"火势"越烧越旺,"城门"失火,最后殃及"池鱼"(这里的"城门"为后进生,而"池鱼"可为后进生个体或是后进生所处的家庭及至同学、班级等)。这些行为均不为上策,乃是无计可施的权宜退兵之计。行为后进或习惯、心理后进的学生,其共性是表现出对他人的抵触或是不友好的行为,有的无中生有,有的借题发挥,有的制造矛盾,有的公然挑斗,甚至引起"公愤"。这些孩子不是缺爱,就是被爱宠得"窒息",导致积累过多的负能量,在某种阶段,达到一定的"燃点"就得以爆发,他们伺机通过不同的方式宣泄心中的不满或是刷存在感，引起他人的注意。作为家长或是教育工作者，是否真正了解孩子后进的症结所在，是否把自己置放于孩子的位置，设身处地地站在孩子的立场去思考问题。没有人能够感同身受，但我们可以尝试跳出圈外，以一个旁观者的姿态重新审视他们，理解他们，"冰冻三尺，非一日之寒"，一旦定格成"后进"，转化是需要一个漫长而又艰巨的过程。本案例中，当班主任和奶奶在"火场"中救火失败时，笔者作为一个不在情急之中火上浇油的外援，选择了最佳的契合点，等双方无法达成一致时，找准孩子的弱点，用母爱般的怀抱赢得了孩子的信任。每次"观战"之后，我都会深入开展"敌后战争"，通过少有人知的"请到家中做客""单独指导功课""私人聊天"等旁敲侧击的方式，熟悉孩子的性格和脾气，创造"亲其师，信其道"的心理战术，树立在其心中的威望与可信任的形象，才能在对方阵脚错乱之际对症下药，找到一个平衡点，击破要害，攻破他们的"堡垒"，令其土崩瓦解，达到转化的目的。

第十计　笑里藏刀[①]

【原文】

信而安之，阴以图之。备而后动，勿使有变。刚中柔外也。

【释义、运用】

使敌人相信我方，并使其麻痹松懈。我则暗中策划，充分准备，一有机会，立即动手，使他来不及应变。这是暗中厉害、表面柔和的策略。使对方相信我方，让他放松警惕，才可以暗中进行全方位设计。俗语说："伸手不打笑脸人。""笑里藏刀"也是为人处世的一种方法，用我方的态度来影响对方的态度，从而取得预期的效果。

---

① 撰稿：平潭实验小学　施文英

在日常对后进生的教育工作中，经常会遇到一些难解决的疑难杂症。有的因为事情的真相无法了解；有的因为事情的缘由比较复杂；还有些因为后进生的个性比较强，经常和老师抵触，导致老师无从下手教育转化。这时，用微笑的态度让学生放松，诱导学生在不经意中说出事情的真相，因势利导让学生认识到错误后再加以处理，方能让学生吸取深刻的教训，取得预期的教育效果。

【案例回放】

多年前在乡下学校，新接手一个班级不久。德育处反映：上周末，班上有几个男生跑去 A 网吧玩游戏了，但没有任何实质的证据证明是谁去了。私下里初步了解，知道班上有一些男生很喜欢玩网络游戏，经常在晚上和周末以各种理由欺骗家长出门去玩，有沉迷网络游戏的明显倾向。那时候的小网吧不规范，为了做生意，放任学生上网，在网吧更不可能查找是哪些学生来上网，事情陷入了僵局。

我意识到直接正面调查不会有任何进展，也得不到任何结果，于是，表面上没有对这件事情进行任何的调查，在班上每天笑容依旧，好像不再去管这件事了。暗地里我在自己宿舍的电脑上安装了常见的游戏，等待时机。两周之后，天气很好，晓强同学说周末要来学校打篮球。得知这消息之后，我就建议他叫几个男生来组队打球，特别是平时比较调皮爱玩的几个男生要叫来。星期六上午，在他们打球快结束的时候，我买了一些零食和饮料来到篮球场，这些男生打完球就围过来了，我就微笑着招呼他们到我宿舍休息，吃点零食，喝点饮料。

到了宿舍以后，我热情地和男生们聊天，从篮球开始说起，再讲到周末的游玩活动，这些男生聊得热火朝天。过了一会儿，我一边和他们聊天，一边打开游戏玩了起来。看到我玩游戏，他们就围过来看。刚玩了一会儿，我故意在游戏人物的装备和行走路线上出了点差错，小林同学就开始指点我，要装备"圣斗盔甲"才能过关，边上的林雄强调说光靠装备还不行，还不能走这条路线，应当从另一条道路前进。我笑着听从了他们的指点，更换了盔甲和前进路线，同时和他们聊怎样才能更快地通关升级。男生们很欢快地指导我以最佳装备和最快捷的路线通关。随着边游戏边聊天，可以肯定是有几个同学经常玩游戏了。看到我依然微笑，没有任何反对他们玩游戏的意思。他们就毫无忌讳了，与我讲起他们玩游戏的事了：小灵最烂了，还没二十分钟就被林雄打败了；林斌打搏斗类游戏最厉害了……等到差不多的时候，我笑着询问谁经常玩游戏，他们兴致高昂，如数家珍：小林、林雄、小灵、林斌、吴海等。接着，我追问：那个星期天他们是不是去过 A 网吧玩游戏？这时候，他们都意识到说漏了嘴，却又不得不承认。其中有四个同学在那个星期天下午一直玩到了晚上才回家，还欺骗父母去找同学做作业。

事情的经过基本清楚了，我依然微笑着问他们：欺骗父母对不对？到非法网吧玩游戏对不对？长时间玩游戏对你们的身心成长有没有危害？他们在我微笑的鼓励下承认欺骗父母是不对的；非法网吧都是骗钱的，根本不管学生来玩游戏；长时间玩游戏导致作业没完成，上课时在课堂上睡觉。小陈还告诉我，他的邻居大陈因为玩游戏上瘾了，逃课偷东西卖，然后躲在网吧里通宵达旦地玩游戏，因为偷东西还被派出所抓过。这时，我因势利导指出长时间玩游戏对今后的学习、成长有很大的危害，他们要反省一下自己犯了什么错误，要求四个去网吧玩游戏的男生各写一份深刻的检讨。

事后我又利用班会课的时间，专门上了一节游戏成瘾危害的主题班会课，批评了班上有些同学周末偷偷去网吧玩游戏，对长时间玩游戏、到非法网吧玩游戏等行为做出严厉的惩罚。自此，再也没有听到班上学生长时间沉迷游戏的事了。

【案例剖析】

在日常的班级管理中，特别是后进生教育管理中，一方面老师对学生在校外的日常行为缺少更多了解的途径，另一方面后进生对老师大多是敬而远之，这些都会导致老师无法了解学生的真实行为和思想动向。这时候，如果直接进行全面调查，很难找出事情的真相。老师事先不发力，以微笑的方式来让学生放松警惕，换一个角度，更多地了解学生后再展开教育，会取得更好的效果。

学生玩游戏上瘾是比较严重的问题，至今都不能得到很好的解决。玩游戏又基本都在校外，老师对学生玩游戏的了解大多依靠家长提供的相关信息。而这件事情，家长又毫不知情，如果直接调查学生或者询问家长，一方面学生会欺骗隐瞒家长和老师，另一方面也会导致学生内心深处对家长和老师的全面抵触。这时候，我微笑地面对学生，不直接调查，让学生放松了警惕。再利用自身对电脑游戏的了解，创设了一个场景，让学生不经意间暴露了对游戏技巧的了解。我还是没有打草惊蛇，他们就更毫无戒备地说起了玩游戏的相关细节，说出了去网吧玩游戏的相关信息。再让学生探讨玩游戏上瘾的危害，他们都有了比较深刻的认识。毕竟这些学生并不是毫无节制的孩子，只是他们意志力薄弱，不能很好地控制爱玩的行为而已。事情的处理还没结束，一节主题班会课，深入浅出地分析了网瘾的危害性，再次让学生深刻意识到自己的错误。最后再做出相应的惩罚，很好地达到了教育学生的目的。

第十一计　李代桃僵[①]

【原文】

势必有损，损阴以益阳。

【释义、运用】

损阴以益阳：阴，此指某些细微的、局部的事物。阳，此指带整体意义的、全局性的事物。这是说在军事谋略上，如果暂时要以某种损失、失利为代价才能最终取胜，指挥者应当机立断，做出某些局部或暂时的牺牲，去保全或者争取全局的、整体性的胜利。这是运用我国古代阴阳学说的阴阳相生相克、相互转化的道理而制定的军事谋略。李代桃僵原指李树代替桃树而死，比喻兄弟相爱相助，后转用来比喻以此代彼或代人受过。当局势发展有所损失的时候，要舍得局部的损失，以换取全局的优势。学生的各方面发展是不

---

① 撰稿：平潭实验小学　林锦花

均衡的，在教育中，善于抓住后进生的闪光点进行表扬，以此代彼，先让学生在其他方面建立起自信，再激起学生的学习兴趣，从而让孩子获得成功。

【案例回放】

新转进来的小梁同学的确令人头疼：学习基础差，上课注意力不集中，爱做小动作，不喜欢动脑筋，考试垫底。入学以来，多次家庭作业没有完成。每次批评他太懒惰，他的回答总是理直气壮，让人哭笑不得：太难了不会做，因为我很笨。

从他的母亲那里，我渐渐了解到小梁同学成为后进生的原因。他与姐姐相差15岁，作为家中唯一的男孩，爷爷奶奶特别溺爱他。犯错了老人家护着他，说不得、骂不得，导致他形成了自由散漫、作业不做、上课不认真等恶习。因为积懒成"笨"，他的成绩越来越差，同学们经常嘲笑他，他慢慢地丧失学习的动力和信心，开始自暴自弃，厌学情绪比较严重。

好在他不管在校内还是校外一般不会做出违反校纪的事情，因此我把他定性为学习后进生。通过家长反馈来的信息，小梁学习虽然不好，但是动手能力特别强，喜欢家务劳动，还会修理电脑。并且我在课堂上也发现他前10分钟左右能较认真听讲，有时候还能举手回答问题，表达能力还不错。他其实一点也不"笨"，就是在学习方面不肯努力，没有毅力，对自己没有信心。如果能让他发挥特长，在班级里找到存在感，孩子对自己有信心，学习肯定就能赶上。我决定试试。

针对这些现象，我在课堂上创造机会让他多发言，并且及时给予恰当的评价，另外我还和其他科任老师交流他的情况，请他们在课堂上多关注。班上采用"抽签答题"（学生号数装在一个密闭盒子里，上课时随机抽选），有一些简单的问题我故意把签换掉，留给他来回答，回答对了就示意同学们给他鼓掌。经过一段时间，老师们都发觉他在课堂上的精神面貌有明显的改观，并且上课效率有大幅度提高，但是作业问题还是没有得到解决。问其原因，他说不会做，其实是因为懒惰不愿意做，这是从小积下的恶习。我告诉他我的底线是：可以换个形式做，但是不能不做作业。他不爱写字，我特许他把一些作业录成语音形式提交给我。课堂上，我会邀请学生上台当"小老师"

讲解习题，并把优秀讲解员的视频发到班级群共享。我经常预先选一些简单的题目，让他晚上在家先做，讲给家长听，第二天在课堂上就请他讲解，他讲得很顺畅，视频也得到家长的点赞，在增强自信心的同时也能把基础打牢。

通过观察，我还发现他组织能力不错，乐于助人，做卫生特别认真主动，就任命他为卫生检查员和安全保卫员（负责关窗锁门、开关多媒体设备等）。他上任当周，我们班刚好拿到"六项评比流动红旗"，我在班上表扬全班同学，特地提到小梁，因为他工作认真负责，班级整周卫生没有扣分，这次拿到红旗，他功不可没。全班同学都为他鼓掌，小梁也特别开心，当天上课格外认真，还得到了 10 积分的奖励。晚上，我给小梁妈妈打电话，让她开免提键，故意让小梁听到我对他的表扬。第二天，小梁主动上交了一份书写得工工整整的数学科作业。我满意地笑了，他也笑了。

【案例剖析】

作为老师，我们见过太多像小梁同学这样"积懒成笨"的孩子。因为家长对孩子娇生惯养，凡事由大人包办代替，从来不让孩子吃半点苦。孩子就是在这样的纵容之下，一点点"积懒成笨"的啊！因为懒散，没有了思考和勤奋的习惯，因为没有好习惯，成绩越来越差。在问到为什么不做作业时，他们在"懒与笨"的选择之间，宁愿选择"笨"。问题是他们根本不笨！这些孩子是懒惰得太久了，已经放弃了积极动脑、动手解决问题，以至于不愿意再主动付出任何努力来改变自己。其实，他们也很想努力表现，给老师留下好印象。但是美好的愿望战胜不了懒惰的习惯，在稍作努力之后，他们发现每天都坚持完成学习任务"太累了"。在教育中，教育者先做一些让步，表面上是对学生在学习方面降低要求，其实是抓住后进生的其他优点进行激励，以此代彼，从而达成教育目的。

每个人都有自己的潜能，好的教育者善于发现孩子的闪光点。在作为数学老师的我的眼里，小梁不爱学习，不做作业，连考试都不及格，是一个"笨拙"的学生。但换个角度，他热爱劳动、责任心强，这也是非常难得的优点。每一个后进生的情况是各不相同的，教育者要了解学生的行为、习惯、爱好及其后进的原因，从而确定行之有效的对策，因材施教，正确引导。发现孩子的闪光点的过程，就是帮孩子重塑自信的过程。把此计运用到小梁这类孩子身上，就是为了给孩子鼓励引导，先让孩子在他的强项上获得成功的情绪体验，满足其成就感，进而激发学习动力，培养自信心，在学习上获得成功的体验，促进良好心理品质的形成和发展。

第十二计　顺手牵羊[①]

【原文】

微隙在所必乘，微利在所必得。少阴，少阳。

【释义、运用】

微小的漏洞必须利用，微小的利益也必须获得。变敌人小的疏忽为我方小的胜利。"顺手牵羊"比喻趁势将敌手捉住或乘机利用别人。要抓住薄弱点，抓准时机，不放过任何一个有利的教育契机。教师应抓住一切可乘之机帮带后进生，让进步积少成多。教师要给后进生铺设进步的阶梯，为他们搭建走向成功的舞台和桥梁。在课堂教学中，对后进生的思考、学习和表达，要予以肯定。要用简单的任务让他们容易获得成功，用激励的言行让他们自己想要成功，用同学的督促让他们积极争取成功。

【案例回放】

新学期，我们班转来一名男生，叫林超，比较瘦，不太精神，11岁，个子一般。父亲忙于工作，母亲在外地，平时是爷爷奶奶带着。由于刚转来，在课堂上比较安静，很少看到他抬头，举手、发言几乎没有，大部分同学不愿跟他交往，下课了会跟几个寄托管的孩子玩在一起，给人感觉较孤僻、不合群。学习上兴趣不大，反应偏慢，最主要是学习习惯差且比较懒惰，经常

---

① 撰稿：平潭实验小学　高仁芳

不完成作业，并常有抄袭现象。当问他为什么不完成作业时，他说他以前的学校都不用交作业。原来是父母没时间管他，孩子长期得不到父母的关爱，形成懒散的习惯。

通过观察和了解，我对林超存在的问题基本上心中有了数：他的孤僻、不合群，是得不到关爱有自卑感所致。而他的自卑主要来自他学习一开始就不太理想，并且父母忙于工作没时间管他，得不到关心，现在这种与其他同学不协调的地位，使他极想回避这个事实而又无法摆脱，这种困惑时时伴随着他，他在学习上碰到困难挫折时，就不敢求助于他人了。长此以往，他对学习也就失去了足够的信心，自然出现反应偏慢这种状态。反过来，学习上的不如意又加剧了其自卑感，并使其不断内化。

针对林超的情况，用常规的谈话、批评、表扬显然收效不大。他失去的是自我信心，因此，必须先帮助他建立起良好的自信，其他工作才能开展。

虽然他的学习成绩在班级里也不是最差，但总体仍偏差，在对知识的灵活运用上更是显得吃力，而且由于学习习惯差和懒惰，对于基础知识掌握较差，识记的知识掌握得也很差。我与他进行了一次长谈，共同制定了相对其他同学较低的目标，定位于书本的基础，背公式概念、做基本题，难的不作要求，比如，每天自己抽空到我这边来做简单的计算题，使他有了试一试的信心。

随着自信心的增强，我协同其他科任老师及部分学习较好的同学，给他搭配了一个愿意帮助他的小帮手。小帮手在学习时要主动、耐心帮助他，在小组活动时多给他发言的机会，督促他主动积极思考问题。而对林超的要求是每次小组讨论时必须发言、每次小组操作时必须参加，使他多得到锻炼的机会。

在安排一些学习活动的时候，我也会经常性地关照他，常会设计一些与他层次相宜的问题，还鼓励他代表自己的小组汇报成果或向大家展示他自己的成果。即使其发言不完整或不正确，也应在同学的帮助下再让他重新表达一次，同样给予赞许表扬，使他感受到学习的成功，增强了信心，提起了学习的兴趣。此后的上课，他显然比以前投入多了。

在学习上初尝成功喜悦之后，我把精力集中到解开他心头之结上来。因为，尽管他学习有所进步，但毕竟仍较差，再加上他仍会偶尔产生自卑的心理。此外，我还通过与家长的沟通、与各科老师的沟通、与全班同学的沟通，来营造正面引导的良好氛围，让他一心扑在学习上，把全部精力都投入到学习中去。随着学习上略有进步，他显得较以前自信多了，偶尔甚至有点扬扬自得起来。

随后，我改变初阶段时的事事关心，变为遥控指挥、宏观调控。这种"若即若离"的方式，使他不得不面对现实迎接挑战。而这些无疑中增强了他的受挫力。反复几次下来，不仅保持了自信心，也使他对自己有了更清醒的认识。

【案例剖析】

苏霍姆林斯基说："在人的心灵深处，都有一种根深蒂固的需要，这就是希望自己是一个发现者、研究者、探索者。"在后进生的内心深处，也不失有这么一种需要。但是由于前期积累的匮乏、知识的缺位，使得他们在探究新事物时产生扭曲的理解，这种理解是基于他自己的科学观的，可以认为是一种主观的臆断而非科学推演。多次表达或表现的错误使他产生挫败感，导致学习兴趣低迷、学习习惯怠惰。

在老师鼓励、同学帮助下对成果的复述，就是对这类后进生很好的扶持，这样会一次又一次地让他们体验成功的喜悦，提高他们的学习兴趣，强化他们的学习动机。在多次重复他人的经验后，后进生将会体会到学习的规律和表达的方法，到那时候，他将不再拘泥于复制他人的成果，而开始学会去粗取精，学会去伪存真，学会加工信息，学会自主学习。

林超的转变使我感到，在当前后进生转化工作中，除了需要我们对于他们倾注更多的爱心和耐心、更多的真诚和宽容，还特别需要我们教育者思考的恐怕是我们的方法是什么。注重培养后进生的心理优势，让他们都感到自己的重要。总之，只要我们共同努力，坚定信心，科学教育，把转化后进生作为素质教育的一个重要方面和教师义不容辞的责任，这些迟开的花朵将开得更加绚丽、更加灿烂。

第三组块：攻战计·精准施策

攻战计属三十六计第三组块，本组块包括"打草惊蛇""借尸还魂""调虎离山""欲擒故纵""抛砖引玉""擒贼擒王"等，是用来谋攻取胜的计谋。攻战计的核心是"攻"，攻心为上上策，"心战"是主旋律。进攻与防御是一对矛盾，两者相反相成；是故，只有知己知彼、精准施策，才能百战百胜。

教育转化后进生也是如此。我们在交流后进生教育转化经验时，都发现，老师们所采取的教育内容和教育手段并无太大的差别，关键在量体裁衣，因人而异，如何突出针对性原则。"独生子女"是历史的产物，虽然仅仅是阶段性的，但目前中小学中，仍然是一个大群体，他们几乎每个人都有他不同的特点。从性格上看，有的好动，有的内向。从家庭背景看，有富有贫；有的受众人宠爱，有的因父母离异受人奚落。从品学方面分析，有的学业尚可但行为不规范；有的属于学业跟不上，自暴自弃，造成行为失范。形形色色，不一而足。这就要求我们必须摸清情况，对症下药，及时、准确了解后进生，根据导致行为不良或学习不好的原因，采取有针对性的措施加以教育转化，做到"知彼知己"，果断勇敢地面对教育过程中所遇到的各种问题，采取积极的态势，寻求教育对象的弱点，精准施策。

第十三计　打草惊蛇[①]

【原文】

疑以叩实，察而后动。复者，阴之媒也。

---

① 撰稿：平潭实验小学　郑彩

【释义、运用】

有怀疑的就要侦察实情,完全掌握了实情再行动。反复侦察,是发现暗藏敌人的因素。打草惊蛇,原指惩罚了别人,也警诫了自己;后喻指做事不谨慎反使对方有所戒备。后进生在做错事情时,老师通过"打草惊蛇",故意给后进生敲响警钟,让他知道自己的错误,以达到及时补救以及教育的效果。

【案例回放】

周一下午的第三节是班会课,随着铃声我步入班级,孩子们看见我来了,七嘴八舌马上炸开了。我一脸疑惑地问:"怎么啦?"这时班长抢过话说:"老师,林敏刚刚买的电话手表不见了。""这是我攒下压岁钱刚刚买的,好几百呢。""你放哪儿了?""抽屉。"好家伙,平时总是交代大家不要把东西随便放,就是不听!这么贵的手表不戴手上,随手放抽屉,现在弄丢了,又得让老师当"黑猫警长"了。不过,生气归生气,这么贵的手表丢了,孩子心里一定是又焦急又难过,即便孩子丢三落四,也不能现在批评,于是我转而平静地问起他手表丢失前后的经过。原来第二节下课时他把手表落在抽屉里,上课后却找不到了。当班主任多年的我,一猜就知道林敏的手表是被人故意拿走了。

我抬眼扫视着孩子们,他们的脸都很纯真,做坏事的人又会是谁呢?这节刚好班会课,我一定要把这个"坏人"抓住。这时,我有了主意。三十六计中有打草惊蛇一说,干了坏事的人常常做贼心虚,在真正的惩罚还未到来之前,只要有一点声响就会心惊胆战。在军事上也用"打草惊蛇"诱敌暴露,从而取得战斗胜利,而这个孩子就需要这样的敲打。

我缓缓说道,我们班的林敏同学丢了一个很贵的电话手表,我们帮他找一找。同学们纷纷动手找手表了,过了一会儿,没有人找到手表。这个结果是我所预料的,拿走手表的孩子一定不会主动上交的,我猜他一定是把手表放在他贴身的衣袋里了。这时候的我像极了侦探,我吩咐孩子们到教室外面去排队,我和几名班干部在教室里再找一遍,如果找不到就让每个孩子把自己身上的口袋翻出来,大家互相检查。总之,今天一定要把这个手表找出来。

两分钟后，所有的孩子都到教室外面排队。我和几名班委一起走进教室。我交代大家只要在抽屉里找找就行，因为我知道，手表一定不在教室里，这样做只是为了虚张声势。五分钟后，我重新站在教室外面的队伍前，几名班委一无所获，已经回到队伍中。我想：如果我去搜身的话，真的从某个孩子身上搜出手表，将给孩子造成很大的伤害，他以后还怎么和同学相处，同学们又会怎么看他。我既要他交出手表又要保全他的名誉，真的是一件很难的事。

我的目光从孩子们的脸上一个一个扫过，谁都像那个人，谁又都不像那个人。我无法一眼看出那个拿手表的人究竟是谁，可是我相信，那个拿别人东西的人现在心里一定很不安，毕竟他只是一个孩子。如果手表还在他的口袋里，他一定不会坐以待毙。

现在我就要打草把蛇引出来。一分钟，两分钟，时间就这样悄悄过去了。丁零零，下课铃响了，但我们依然这么静静地站着。突然，有人举手了。"老师，我想上厕所。"这个学生捂着肚子说。"好！"我一挥手，马上放行。又有个同学举手要去，我说："只能一个个地去。"第二个从厕所回来的同学大声喊道："老师，我在厕所门口看到一个手表！""是吗？"我心头一阵狂喜！果然，在厕所门口静静躺着一个电话手表，大伙儿一阵欢呼。我知道，就是第一个捂着肚子要上厕所的那个家伙干的。他不知道他的这一举动已经暴露自己的行为，他的小聪明能骗得了班上同学，却瞒不了我。放学时间早已过了，我用打草惊蛇的方法，既引出了这条蛇，也放过这条蛇。希望明天早上我可以给他的人生上一节教育课，归正他的行为，让他改过自新，做一个诚实善良的孩子。

【案例剖析】

"偷窃"的行为在小学生中屡见不鲜，常常让老师头疼，需要花费大量时间和精力去"破案"。但是这里指的"偷窃"并非真正意义上的偷窃。有专家表明，小学生自我意识还不够明确，他们"偷窃"只能算是一种不诚实占有行为。但是不管是哪一种，都是不良行为的表现。卢梭说过："人生当中最危险的一段时间是从出生到十岁。在这段时间中，如果不采取摧毁种种错误和恶习的手段的话，它们就会发芽滋长，以至后来采取手段去改的时候，它们已经是扎下深根，永远无法拔掉和剔除了。"据了解，案例中这个孩子，家庭经济比较困难，当他看到身边同学拥有这么好的手表时，他非常渴望也能拥有它。但以他现在的生活状况，一定是没有能力购买，于是他就产生偷窃心理，将同学东西占为己有，来补偿内心想要这些东西的缺憾。事实表明，孩子在喜欢的东西面前，意志力薄弱，抗诱能力低，缺少应有的自觉性和自制力。案例中，孩子犯了错，教师不是给孩子定罪，而是给孩子一个更深的教育，目的是要引导归正他的行为。如果直接在同学面前揭露他，对于这样年纪的孩子来说是很大的伤害。也许他记住了这件事情的教训，却落下小偷的罪名。若包容他的过错，他可能就不知道自己的行为是错误的，会给他人和自己带来伤害。我用打草惊蛇的方法，不随便怀疑，让所有的孩子参与这件事情，搜查抽屉并告诉他们下一步要检查口袋，便是"打草"了。这一举动告诫孩子们，偷窃是不正确的行为，并让这个犯错的孩子感到羞愧、后悔、害怕，这时候就是"惊蛇"了。当然我也不能揭穿他的小计谋，需要给他一个反省改过的机会，这样既保护了孩子的名誉，又能改正孩子的过错，岂不是一件美事？

第十四计　借尸还魂[①]

【原文】

有用者，不可借；不能用者，求借。借不能用者而用之。匪我求童蒙，童蒙求我。

【释义、运用】

凡是自身能有所作为的人，往往难以驾驭和控制，因而不能为我所用；

[①] 撰稿：平潭实验小学　吴建生

凡是自身不能有所作为的人，往往需要依赖别人求得生存和发展，因而就有可能为我所用。对自身不能有作为的人加以控制和利用，其中的道理，正与幼稚蒙昧之人需要求助于足智多谋的人，而不是足智多谋的人需要求助于幼稚蒙昧的人一样。

"借尸还魂"作为三十六计中的一计，在历史上不少见。熟悉的诸如曹操挟天子以令诸侯；刘备取西川；诸葛亮借尸还魂退司马；在改朝换代的时候，都喜欢打着亡国之君的后代的旗号来号召天下……可见，借尸还魂指的是利用、支配那些没有作为的势力来达到我方目的的策略。而其中的"尸""魂""借""还"的寓意比原文更加丰富。

这一计运用在班级管理教育上，则可理解为是借助一些看起来不起眼的人、事、物来达到教育、管理学生目的的策略。如利用课前三分钟经典诵读潜移默化地达到教育的目的，在后进生中找到其特长或优点来达到教育其他学生的目的等。

【案例回放】

同学甲：开学初两个月来，受尽了"委屈"。第一周便与某同学产生冲突，瞪着眼睛，通红的脸，一个劲儿指责别人不对。八周时间累计因这样那样的问题，与6个同学产生矛盾。一闹矛盾，总是一副非常委屈的样子，总是能找到别人身上的一大堆毛病。可当问他自己错在哪儿时，却总是一声不吭，有时是不想说出自己的错，有时候是根本不知道自己错在哪儿。学习不太努力，成绩也好不到哪里去。开导几次以后虽然有所收敛，但孩子毕竟是孩子，一不小心，就又开始犯错。

同学乙：甲的同桌，为人老实，对学习缺乏信心。单论学习成绩，与甲半斤八两，谁也不比谁好多少。

这一天，在数学课堂上，甲乙两人闹开了——啪的一声响惊动了课堂，乙的右脸明显异样，红色印痕清晰可见。原来事件的导火索是试卷。先分到试卷的乙成绩并不理想，正好被甲瞧见，甲不无轻蔑地道："才考这一点点，真难为情啊……"乙虽然心里不自在，但也没说什么。可事情偏偏就那么戏剧性，没多久，甲的试卷也分发下来了，注重成绩的甲同学，很麻利地挡着成绩，生怕被人看到。结果不出意外地怕啥来啥。同桌乙一不小心就瞥见甲的成绩，毫不知趣地道："哦，你也没考好。"这话可一下戳中了甲的痛处，丢了面子的甲同学瞬间伤了自尊，便与乙理论起来，甚至挥拳相向。

办公室里，俩孩子吞吞吐吐讲着事情的经过。自知理亏的甲同学在沉闷的气氛中越来越紧张地揉搓着双手。此时他已经开始后悔自己犯下了好几个错：一错落井下石嘲笑同学，二错被反唇相讥沉不住气，三错课堂上不守纪律，四错控制不住情绪。为了给受伤的乙同学和家长一个交代，老师就考虑要告知家长。这下甲同学更紧张了，却不好说什么。"算了老师，不要请家长了。我没事，我不痛！"出乎意料的是乙同学的反应，态度无比诚恳，"我妈也说同学之间磕磕碰碰难免，没什么的。没事，老师。不要请家长来！"这一表态深深震撼了老师，也同时让甲同学抓住了一把救命稻草。

既然乙同学愿意小事化了，此事便不予过多追究，但对甲同学的思想教育却不能丢。"相处这么久，有点看不起你同桌？见人家成绩不好，就要嘲笑？现在呢？还看不起他吗？"甲同学点头再点头，后来就没反应了，显然他还看不出乙的好。

"看看你的同桌，脸上被打成那样，还选择原谅。换成是你，你会有什么反应？"这一问，问出了两个同学之间的差距，甲同学若有所悟，老师继续道，"今天他吃了多大的亏啊，却表现出大人也少有的宽容与大度。想想你自己，是不是太过斤斤计较了？……你再想想，这个平时你看不起的同桌，平时都是怎么包容你的？……现在，也就他能包容你的缺点，愿意与你同桌。你想想是不是这样？"最后，甲同学心悦诚服地点点头，表示知错并且要改错，努力记住控制情绪，学会理解别人。

就像故事一样的结局，甲同学在学期的后面两个月时间里，没有与同学闹矛盾了。

【案例剖析】

可以看出此案例中的"尸"者，是"不能用者"——乙同学，他所代表的是在班级里一直处于下游或者没有优势的那部分学生。正因为是"不能用者"，不像"有用者"那样或成绩优异或思维敏捷或能力强，所以不但不容易引起大家的关注，甚至还会是被嘲笑或被管理的对象。

　　案例中"魂"指的是"不能用者"乙同学的精神品质。在案例情境中，当甲同学还在纠结个人是非对错的时候，乙同学却表现出得理饶人的大度量。表面上看，乙同学宽容大度的精神品质和发自内心的善良具有偶然性，而事实上这些品质是一直存在的，只是生活中谁也不会意识到"不能用者"也会有耀眼的"魂"的存在。就如情境中的甲同学一样，不经教师指点就根本意识不到乙同学的好。可见，"不能用者"身上的"魂"具有隐蔽性。这就需要教师慧眼洞察其中"作为"，加以利用。

　　大众心理普遍认为"能用者"本来就是"能"者，就是榜样，甚至成了遥不可及也遥不可学的存在，因此"能用者"所起的示范效果也是有限的。借"不能用者"而用之，恰好打开了教育学生的又一渠道，借"不能用者"之"魂"来教育学生，弥补了"能用者"所不可及的缺憾。就如案例中的甲同学一样，突然有一天发现自己一直轻视的同桌，竟然是高大上的存在，竟也是学习的榜样，其对个体心理的冲击是巨大的："他"（不能用者）都可以，我（既包括能用者，也包括其他不能用者）也一定可以！这样就瞬间拉近与榜样之间的距离，达成的教育成效因具有了内驱力而倍增。此是"借尸还魂"计的妙用之一。

　　事实上，借"不能用者"之"魂"来点化"童蒙"，也是"不能用者"自己内心强烈的需求。因为他们自己也认为自己是"不能用者"，其心中的自卑是可以预见的。当教师挖掘他身上的优点，并加以放大，甚至成为同学们学习的榜样时，"不能用者"内心的满足感和由此可能引发的自信将带着"不能用者"挺直腰杆，积极努力，阳光向上。

　　班级管理中，许多看似"不能用者"，皆可为我所用，这便是教育管理者的智慧。

第十五计　调虎离山[①]

【原文】

待天以困之，用人以诱之，往蹇来返。

【释义、运用】

调虎离山，此计用在军事上，是一种调动敌人的谋略。它的核心在一"调"字。虎，指敌方，山，指敌方占据的有利地势。如果敌方占据了有利地势，并且兵力众多，防范严密，此时，我方不可硬攻。正确的方法是设计相诱，把敌人引出坚固的据点，或者，把敌人诱入对我军有利的地区，这样做才可以取胜。设法使老虎离开原来的山冈。比喻用计使对方离开原来的地方，以便乘机行事。近墨者黑，必须将差生从原来的生活圈子中剥离出来，不仅仅是调换座位，更要安排一些事情给学生，让他（她）在新的圈子中完成，让他（她）在新的团体中找到自己新的位置。

【案例回放】

俗话说"擒贼先擒王"，班上真正的差生也就那么一两个，其他后进生无非是些"走卒"而已，只要制住了"虎大王"，就能起到"杀一儆百"的作用。我班有个叫小林的学生，因为父母离异，父亲跑船，从小就跟着爷爷奶奶长大，爷爷奶奶心疼孙儿，平时对他宠爱有加，在家中事事总是顺从他。最近我发现他上课总是无精打采，甚至有时趴着睡觉，一到下课就开始胡打乱闹，有时甚至还和科任老师顶嘴，十足一个"黑老大"。有次在课间无意中发现，班上的一些同学特别拥护这个"黑老大"。深入了解后才知道小林平时为人比较仗义，喜欢替兄弟"打抱不平"。想想这么一个仗义的孩子怎能如此

[①] 撰稿：平潭成龙学校　施云

堕落呢？后来从他的前任班主任那儿了解到，小林父母还没离异前他的成绩还不错，在班上还担任过体育委员。据说是父母在闹离婚的那段时间他整个人都变了，起初在班上变得沉默寡言，后来就开始在班上"作威作福"。看着他现在在班上的"处境"，于是我决定用"调虎离山"之计，想拯救这个"黑老大"。他原来的座位在角落，周边的同学都唯他"马首是瞻"，总爱与他传纸条、讲悄悄话、起哄……于是我到学校总务处领来了单人单桌。这是专门给"疑难杂症患者"的专座。首先，我把他的"专座"放到了讲台桌的前面，四组的中间，这样既不会挡住后面学生的视线，又方便老师提醒。在老师的眼皮底下他就不敢再为所欲为了。其次，有意识地让他当我的小助手，刷个班级的存在感。帮忙收作业、发作业这些对于小学生来说是件光荣的任务，平时一般只有小组长和学习委员才有这样的资格。为了让他有点存在感，我有时特意让他帮忙收作业、发作业，让他当个小助手。其实单单这样还是不够的。我私下与科任老师商量，帮忙多提问他，多鼓励他，让他重拾安全感、重拾信心。除此之外，平时自习课的时候，我会把他叫到办公室，单独让他做一些基础题，并适当辅导；刚好他家离我家比较近，所以周末，只要条件允许，我就把他叫到家里来学习。最后，及时给他心理辅导。俗话说得好，心病还需心药医。孩子这个阶段的反常是因为父母的离婚，除了记恨父母离婚给他带来的伤害外，孩子会感到没有安全感，心中缺乏爱。于是我私下联系他父母要经常与孩子沟通，慢慢地打开孩子的心结。渐渐地，我发现久违的阳光又一次回到他的脸上，经过一段时间的努力，小林在班上不再任意妄为了，他开始静下心来学习，成绩也慢慢提高了，原来跟在他身边的兄弟们，看到小林这么上进，自然也跟着懂事了不少。

　　班主任工作是一门艺术，当然，再好的"计"也离不了班主任的辛勤与付出。想要管理并帮到班级中的后进生，班主任须拿出"咬定青山不放松"的决心和毅力，用真心、诚心和爱心去帮助后进生，让后进生在学习方法的浸润下，在优良学风和班风的倒逼下砥砺前行。

【案例剖析】

　　《三十六计》是根据我国古代卓越的军事思想和丰富斗争经验总结而成的

兵书。它用于对人谋事，重在智慧加强管理，以计谋达到目的。班级管理同样是对人，又是谋事，管理好班级就像统率一支军队一样。在领军作战中，"攻城为下，攻心为上"，在班级管理中亦是如此。而三十六计中的"调虎离山"对于后进生来说，是一套比较有效的方法。

在编排作业时，班主任可以利用"调虎离山"这条妙计。班级中，总有一些学习、行为习惯甚至道德品行方面的后进生。对于这些自制力较差的后进生，他们若集中在一起就会"虎虎生威"，严重扰乱班级的纪律，这不利于班级管理。班主任在安排座位时，应该把他们调离，但又不能简单地把他们安排在教室的四个角落。因为"专属"座位等于宣告他们是"无药可救"的，这对于他们的成长是极其不利的。班主任在调离他们的同时还要在他们周围安排成绩好或品格优秀的学生。优秀生督促后进生改进行为习惯，并帮助他们解决学习中的难题。在良好的学习氛围中，后进生受到了熏陶感染，在老师和同学的目光里，他们感受到奋斗的必要。"调虎离山"之计，使后进生激活了上进心，遵守纪律，努力学习。

"攻城为下，攻心为上"。攻城，指用武力强制手段去征服学生。然而现在的学生逆反心理严重，老师若采取强攻的办法，学生口服心不服，从长远看，不利于学生良好人格的形成与健康发展。其次，由于是硬攻，教师难免发火，怒火伤身，口不择言，不利于教师身心发展。攻心则要求研究学生的心理，思索学生的动机，站在学生角度，体会其感受，然后对症下药，采取良策。作为教师，应该从"心"入手，利用《三十六计》的理论知识，巧施妙计，让学生心悦诚服，以此达到管理效果。

第十六计　欲擒故纵[①]

【原文】

逼则反兵，走则减势。紧随勿迫，累其气力，消其斗志，散而后擒，兵

---

① 撰稿：平潭实验小学　刘榕

不血刃。需，有孚，光。

【释义、运用】

逼迫敌人太紧，他可能因此拼死反扑；若让他逃跑，则可减削他的气势。所以要紧紧地跟踪敌人，但不要逼迫他，等他的体力消耗了，士气瓦解了，兵力分散了，再行捕捉。这样用兵可以避免流血，但需诚心等待时机。

"擒"和"纵"，看起来矛盾，体现的却是大智慧："擒"，是目的，"纵"，是方法。此"纵"，与穷寇莫追说的是一个道理，表面上看起来是不管不顾，是放纵，而实际上只是稍微放松，目的是伺机而动，伺机而"擒"。诸葛亮七擒孟获，就是军事史上一个"欲擒故纵"的绝妙战例。其目的是攻"心"，使对方心服口服，达到治标治本的效果。

欲擒故纵这一策略用在小学教育上，其适用对象多为：性格比较倔强，个性强，自尊心强，对周围的人容易产生防御心理、逆反心理的学生。

【案例回放】

新接手一个班级，发现一个特别的女生——高个子，坐在倒数第二排，看上去比其他孩子成熟。无论其他学生坐姿是否端正，是否凝神静听，无论老师是否在讲课，她总是瞧都不瞧老师同学一眼，自顾自做着小动作，虽没有故意找碴儿，找同桌讲话的事情也时有发生，仿佛她的心里就没有老师的概念，仿佛与周围无关，一副满不在乎的样子。即使教室里安静极了，尽管能凭感觉知道老师在看着她，她也不像其他同学那样快速坐好，只是俯身歪坐着，一副极其厌倦的样子，端正的学习态度就更别提了，连自己的姓名都不愿意认真写。我没有找她个别谈话，也不在公开场合点名批评她。我要做的就是管理除她之外的学生的纪律，规范好其他学生的坐姿，用班级大环境氛围来影响她。当然，我也没有真的对她不管不顾。侧面了解情况后得知，这孩子以前谁的话都不听，总爱捣蛋，一副破罐子破摔的流里流气。她和弟弟跟着奶奶生活，父母离异，父亲再娶，完全不理会孩子。了解到的情况与我的初步判断一样。于是，尽管她还时常做着小动作，尽管她的坐姿还不够端正，我也坚持不点她的名，课下也坚持没有找她私聊，而是随她的意却也密切关注她的变化。

半个学期，她的变化真不小。

慢慢地，她的表情开始有了变化，不再是一副伪装出来的满不在乎，慢慢地减少了做小动作的时间，坐姿看起来也没那么歪了。原先爱写不写的作业，现在也愿意完成了；龙飞凤舞的字现在也略微端正了；作业也都积极交了；听写的准确率也高了许多……

一天，发现她跟着弟弟办了坏事，就悄悄叫住她，问她做了什么不该做的事情。她先是事不关己地抵赖，不愿意说。我还是不与她着急，耐心引导，她便知道瞒不住，就坦白了一些，之后又坦白了一些。这一次，我没有放纵她，抓着这个机会，引导她，你要怎么改正错误，才能弥补犯下的错；以后要改变哪些行为；否则，会给未来带来什么。并许诺，这事到此为止，这个秘密我帮她封锁住，不让其他人说出去，也不让其他同学知道。当时，她没有对我说谢谢，只是很平静地接受我的建议，一点不像同龄人的样子。虽然事后她并没有按照我的要求去对自己的行为做补偿，但我依然很小心地保护她的自尊心。

那之后，她再没有自暴自弃的样子，再没有质疑过我，虽然骨子里的逆反心理还存在，但锐气已经大减。我的一个目光她便会意，上课偶尔还能发言，作业也常常完成，而且质量有所提高。期末，她居然关心起自己的考试成绩来。

【案例剖析】

这一类孩子由于家庭的原因，由于所处的生活环境的影响，处于一种独自成长的状态，没有人告诉他们什么是对的什么是错的，没有人给予更多的指引，然而作为一个女孩的羞涩和自尊心还是有的。这样的孩子在班级里，虽与同学能和平相处，但因在课堂上和学习上的表现少不得老师的批评和数落，少不了同学的轻视和嘲笑，出于自我保护的需要，就表现出一种你们谁也奈何不了我、谁都别想伤害我的抵触心理。于是，注意察其言观其色，了解其内心真实的动向，采取恰当的策略，方为上策。作为一个初认识的老师，她的无所谓的态度，并不是直接对抗，而是在隔岸观火中自我防御。了解了这些，教师就会发现，这孩子身上存在着转化的条件：对周围的环境感受力强；智力发展正常，注意力分配能力偏好；超常人的敏感、自尊心和自我保护意识。

不过，倘若教师一开始就把她当成正常学生那样采用硬性要求，严厉批评或者逼其就范，想取得立竿见影的效果的话，一定是心急吃不到热豆腐，将使她本就坚固的心理防御城墙更加坚固，而且她会简单粗暴地把你划归为"这个老师与之前见过的其他老师一样不可尊重"，直接拒绝你对她的教育，这样师生的对立情绪马上建立起来，给转化带来反作用。

于是，拿捏"欲擒故纵"的尺度，成了转化的必要条件。

之所以"故纵"，一方面是没找到对症的药方；一方面是对于长期散漫、漠视他人（包括漠视教师）的孩子，你要求她在一瞬间在思想上和行为上实现转变是不现实的，也不符合她的自尊心的需求；再一方面，也是慢工出细活的要求。"纵"并非真正的不管不顾。之所以是"故纵"而不是"纵"，说明这个"纵"是有意而为的，是可控范围内的。其实，对其他孩子的严格要求，一遍又一遍地反复强调，一次又一次地树立榜样，对该生的影响是潜移默化的。孩子的悄然改变是在不知不觉中的，是在教师的意料之中的，是水到渠成的顺手牵羊式的"擒"。

至于后来发生在该生身上的行为上的偏颇，是意料之外，也在意料之中。缺少关注和引导的孩子就会出现这样那样不该的行为。这时候，若肆意放纵就是教育的大失败。于是，让她意识到错，并懂得错误会导致的后果，是必要的。这就是"擒"。而答应替她保密，则是让她真切地感受老师对她的关心和爱，这正是她所在乎的渴求的。这便是"牢牢地擒"。

因此，才有了喜人的变化。

这个例子再一次验证了对于这种看上去流里流气、玩世不恭、对一切似乎都无所谓的孩子，采用"欲擒故纵"的策略，通过有意识地"放宽"其言行上的要求，采用长期的侧面影响，保护其自尊心，而后静待花开，伺机"教育"，促其进步的方法是有效的。虽然消耗的时间有点长，但避免了对立情绪，避免过度冲突，不经意中消磨其抵触心理，慢慢唤醒其积极向上的阳光心理，以时间换效果，对这类型的特殊学生来说，是更为有利的。

教师之爱生，当为之计长远！

第十七计　抛砖引玉[①]

【原文】

类以诱之，击蒙也。

【释义、运用】

"砖"指小利，是诱敌上当的诱饵；"玉"是大利，是真实的意图。"抛砖引玉"是指用大致相同的方法去迷惑敌人，趁其尚未洞悉我方意图，攻击它！即抛出砖去，引回玉来。比喻用自己不成熟的意见或作品引出别人更好的意见或作品。结合当下，作为一名班主任，每天要面对、处理的事情很多，尤其是要处理学生之间的小事。如果对学生运用"抛砖引玉"的方式，教会学生自己处理同学之间发生的小矛盾，对班主任来说可以算是一个小小的解放，能让我们腾出更多的精力来完成更重要的工作；对学生来说，也是一个学习解决问题的好机会。正所谓"授人以鱼，不如授人以渔"。

【案例回放】

前段时间，接到班上小林同学家长的电话，她说孩子回家老向她反映说不想跟同桌一起坐，我问其原因，才知道原来是孩子好几次说到同桌会影响自己上课。这位家长极力要求我给孩子调座位。我跟她说，这是孩子跟同学相处过程中碰到的一件很常见的小事，让老师引导孩子自己好好处理这件小事吧。与家长一番协商后，家长认同了我的建议。

第二天早上，我对小林说："小林，听你妈妈说你跟同桌相处得不是很好是吗？"小林低着头小声地说："我的同桌老是在课上玩磁铁、做小动作，而

[①] 撰稿：平潭实验小学　陈兰

且还发出声响，搞得我不能好好上课。"我微笑着对她说："你有没有跟同桌说过你不喜欢他这样做？"小林摇摇头表示否定。我把她轻轻拉到身边，说："老师教你一个办法，你肯定能自己处理好这件事：下次他如果还这样，你要大胆地告诉他，你不喜欢他这样做，他如果还不改，你不愿意跟他成为好朋友。试一试好吗？如果不行，老师再教你其他办法。"小林将信将疑地点点头。第三节下课的时候，我悄悄观察了一下，小林和她的同桌在走廊谈着话，一本正经的样子，我没有去打扰他们。接下来的语文课上，我留心关注小林和她同桌的举动，只见两个小家伙都认认真真地上课，连着好几天都是这样。找个机会我去问小林："你的同桌还会影响你上课吗？"小林这回笑着说："没有了，我跟他还成了好朋友呢，我们要比一比谁上课认真。"

无独有偶，这件事情刚过，又收到小欣爸爸的信息，说女儿回家告诉他，同桌老是往自己的身上吐口水。小欣爸爸要求我一定要好好了解情况、处理好这件事。我找到小欣的同桌小宁谈话，这孩子诚恳地承认了自己确实有这样做过，并知道这样做是不对的。我这样对小宁说："你要记住，欺负女孩子的不是真正的男子汉，你一定要用自己的行动请求同桌的原谅，告诉大家你是一名真正的男子汉！"小宁郑重地点了点头。那天做完早操回来以后，我看到了这样一幕：小欣弯着腰，小宁蹲在地上，正在帮小欣系鞋带！我顿时高兴起来，快步走过去对小宁说："你是个真正的男子汉！"小欣接着说："小宁，谢谢你！"小宁不好意思地笑了。

在班会课上，我特意把这两件小事跟孩子们说了，并大力表扬了这几个孩子。我让其他孩子明白：从小要学会跟同学友好相处，学会处理跟同学之间发生的小矛盾。

【案例剖析】

现在的小学生，毫无疑问地在各个方面，特别是看待问题的方式上多多少少会出现些状况，作为教育工作者的教师要及时调整自己的心态和方式，才能做好教育他们成长、成才、成功的工作。作为教师，应该让他们知道，所有的磕磕碰碰都是成长过程中会遇到的。当学生遇到解决不了的问题时，我们要鼓励学生积极想办法解决。学生自己实在解决不了，我们可以和学生一起分析，找出解决办法。在思考和理解中加深学生的印象，促使学生养成认真思考的好习惯。无论大事小事，都要以让学生独立去做为前提，以提高学生思维的敏捷性和应变能力，使他们能够举一反三，触类旁通。这些良好的思维习惯对于学生的一生都大有裨益。要知道，孩子的思维方式和成年人是不同的。在大人眼里看来很严重的问题，可能在小孩的眼里并不是多大的事。如果成年人用自己的思维方式来判断孩子的行为，就容易把问题复杂化。

作为一名小学班主任，应该教会学生去适应世界、改造世界，而不是为他们创造一个自我理想的世界，应该从思想上、学习上、生活上关心和指导学生，教会学生自己处理、解决问题。我们都应该学会"放手"，当学生自己遇到问题和冲突的时候，最好的办法莫过于把解决矛盾的责任和权利留给学生，让他们自己想办法解决。虽然学生是小、是弱，但他们也要有勇气做各种尝试，学习各种方法，使自己适应并融入社会群体中。学生总有一天会走上社会，那时各种问题和冲突比学生间的矛盾要复杂得多。及早放手、勇敢放手，让学生学会自己解决问题，让他们具备人生极为重要的一项本领，这比老师亲自帮学生处理问题要好得多，不是吗？

授人以鱼，不如授人以渔。学生在学习知识的时候讲究的是知其然知其所以然，那么我们的德育教育也一样。为人处世的每一项标准都有其利人利己的出发点，脱离了这个出发点，那么这些规则也都是没有意义的，而进行德育教育，也要让学生去理解这个出发点，这样才不会无视我们的德育教育、抵触德育教育，而是用更好的方式去完善去落实。

第十八计　擒贼擒王[①]

【原文】

摧其坚，夺其魁，以解其体。龙战于野，其道穷也。

[①] 撰稿：平潭实验小学　陈向晞

【释义·运用】

　　摧毁敌人的主力，抓住其首领，就可以瓦解其整体力量。好比龙出大海到陆地上作战，面临绝境一样。比喻在解决事情上抓住关键，解决主要矛盾，其他的细节便可迎刃而解了。在古代，作战时要想把敌人的主力摧毁，就要先俘虏首领，就可以瓦解敌人的战斗力。而在现代的教育问题上，是否也存在"擒王"现象呢？个人认为也是有"王"可"擒"的，当然那所谓的"擒王"也略有不同，例如学生对学习知识点的掌握上，"擒王"就需让学生把握好知识上的难点、易混淆处；在学生学习习惯的养成上，"擒王"就需追寻问题的根源……在实际的教育过程中，学生团队也是一个巨大的群体，在他们当中也会存在所谓的"王"，如何"擒王"，让教育工作者在教育中达到事半功倍的效果，也是我们在教育中所要探寻的。

【案例回放】

　　暂且称他们为"三人行"吧！也许是因为身高、体形、性格相近，林某、吴某、薛某这三名同学无论是在课间还是在放学后，总能凑到一起"尽情"地玩耍，这些现象在日常工作中我已有所发现，但真正引起我关注这"三人行"的，是在一节数学课上。记得这节课是关于学习"解方程"系列中的解决"未知数前面是减号或除号"类型时，总有一部分学生利用知识迁移的方法，将上一节课的方法（即先把数消掉，再求出未知数的解）运用到这种类型上，先进行消数而导致解答方法上的错误，而"三人行"中的薛某就是这样一个"常客"。于是在一节练习课上，我有针对性地请他进行板演，不出所料，他又错了，因为同样的类型我已多次课后辅导过他，所以此时的我并不是急于纠正他的错误，而是走到他身边，轻轻地拍了拍他的肩膀，微笑着说："遇到困难了？要不请你的兄弟来帮帮忙？"他听后先是一惊，而后又轻轻地点了点头，与此同时把目光投向了他的兄弟吴某。顺着他的目光，我找到了他的"帮兄"，并笑着说道："你的兄弟遇到困难了，需要你帮他一把，愿意吗？"没想到平日较含蓄的吴某竟快速地来到薛某身边，有模有样地指导起来。虽然在分析思路上及解决方法上是正确的，但由于语言表达能力有限，在描述上断断续续的,薛某似乎还是一知半解。这时,班级中有了些许的"小骚动",有的同学嫌弃吴某说得含糊不清,有的同学嫌弃薛某不聪明……正当大家都略有"尴尬"时,"陈老师,我来试试吧!"的声音瞬间打破了这尴尬的局面,顺着声音传来的方向我放眼望去,原来是"三人行"中的林某,只见他边举着手说话边迫不及待地来到两个兄弟身旁,先用手拍拍两人的肩膀,并顺势将两人扭转到面向黑板的方向(很有大哥的范儿)。而这两名同学似乎也放下了刚才的紧张,互相微笑了一下,认真地倾听林某的分析。而此时的课堂似乎也成了"三兄弟"的舞台,他们互问互答,共同商讨,就像是布置"战略对策"。为了不影响他们,我也悄悄地退到班级的后面,而在这退的过程中,我也发现全体学生也在认真地倾听着。随后,林某也仿照我上课的样子,又出了一道类似的题型,要求全体同学都完成。没想到总出错的薛某、吴某竟然快速轻松地完成了。这样的效果让我大吃一惊,不由得脱口而出:"林大哥,你太牛了,大哥就是不一样!"而此时班上也响起了掌声,而他的两个好兄弟也和他拥抱在一起,会心地笑了起来。从这件事以后,我特意地留意了一下"三人行"的日常活动,很多时候他们都会听林某的"指挥"。难道他就是传说中的"王"?于是我特地找林某聊了聊,希望他当好这个大哥,无论是在学习上,还是在行为习惯上,更多地给两位兄弟帮助,同时我也邀请林某协助老师管理班级。经过一段时间的观察,我发现林某在管理班级上尽职尽责,"三人行"在课间活动中也少了些许玩闹,更多的是看书或几个人围在一起商讨学习。临近期末,"三人行"无论是行为习惯还是学习习惯、成绩,都有了很大的进步。

【案例剖析】

孩子从开始学会结识伙伴到长大步入社会,多多少少都会结交些许朋友,都会有自己的一个小朋友圈。而处于小学阶段的孩子,总觉得你对我好些,愿意和我一起玩,愿意把东西分享给我,你就是我的好朋友,于是班级中就出现三五成群的所谓"好兄弟""好姐妹"。如果这些群体能发挥正能量,那么对整个班集体的建设将起到推波助澜的作用。所以作为班集体中的"首领"——班主任或辅导员要善于发现、观察、分析这样的群体,充分发挥他们的积极因素，扼制不利因素，尤其是要关注这些群体中的"领导者"，分析"领导者"在群体里的分量，是否有一定的说话权，能否起决定性的作用，然后与其多沟通，通过他了解该朋友圈的特点，鼓励"领导者"利用自己在圈里的"威信"，引导圈里的成员在学习习惯与行为习惯上不断地改变，逐步完善。当然也有些"领导者"在与圈里的朋友沟通上，总以"领导者"自居，高高在上，导致同伴间关系不和。于是如何更好地与成员沟通，也是班主任或辅导员在与之沟通时所需要注意的。

人的一生中会结交很多伙伴，好的伙伴是自己前进的助推器，让自己体会成功的喜悦，也能在你丧失信念的时候重新拾回自信心。

第四组块：混战计·审时度势

混战计属三十六计第四组块的谋略，是在"混战"中失去其固有规则的情况下而寻求规则的谋略，包括"釜底抽薪""浑水摸鱼""金蝉脱壳""关门捉贼""远交近攻""假道伐虢"等计谋。本组块的谋略讲求在混乱之中保持清醒的头脑、对情势有准确的把握与决策。诚然，"夫事有常变，理有穷通"，这就要求指挥者或决策者"审时度势"，仔细研究时势的特点，寻找取胜的途径，充分估计时势的变化，创造尽可能好的条件打击对方。教育转化后进生，我们也要懂得审时度势，会根据后进生现状的变化而相机教育、因势利导，时刻占据教育与转化的主动权。根据少年儿童的心理特点，将后进生教育转化工作渗透到各个领域，就有可能收到"随风潜入夜，润物细无声"的效果。必须精心创设情感教育的环境，包括校园文化和班级文化的环境，也包括渗透于各学科教学的因材施教和守正导行教育，同时组织各种寓教于乐的文艺体育活动和社会活动，使守正导行教育在各项活动中得到积极体现。这种全面渗透，不但能使全体学生受益，更可以使后进生的守正效果从中得到积极检视，促进他们积极向上。

第十九计　釜底抽薪[①]

【原文】

不敌其力，而消其势，兑下乾上之象。

【释义、运用】

古人云："故以汤止沸，沸乃不止，诚知其本，则去火而已矣。"这个比喻浅显易懂，道理却说得清楚明白。水烧开了，再加水进去水一时变凉，很快又会再沸腾，是无法让水温降下来的，根本的办法是把柴火退掉，水温自然就降下来了。这便是釜底抽薪，比喻从根本上解决问题。"釜底抽薪"此计在古代乃"阴谋诡计"，在现代教学中运用此计，发挥其正能量的功效，可谓古为今用，有意识创造条件，抽去不利因素之"薪"，灭掉诱发不良事态之"火"，从而达到矫正并优化孩子各方面行为习惯的作用。

【案例回放】

有一事时隔多年，仍然记忆犹新。我教过一个叫作小虎的男生，圆圆的脸盘，乌黑的眼睛，长得虎头虎脑，平时脾气倔强、性格暴躁、精力旺盛，一旦有孩子惹他不高兴，就出手打人，就像一只顽皮好斗的"小老虎"。

在家里，他也常常让父母头疼。他从小学习跆拳道，二年级时因一件小事就动手把同学打了，父母立马停了他的跆拳道练习。平时，他小毛病不断，今天惹这个生气，明天又把那个弄哭了，搞得孩子们总躲着他，也没少上他家告状。他学习也不上心，考个60分就一整天乐呵呵的。父母对他是爱恨交加，教育方式也比较简单粗暴，他一旦惹事少不了挨鞭子。

小虎这孩子我是了解的，挺聪明的，但脾气特别犟，自己认为对的事情，

[①] 撰稿：岚城乡中心小学　高晓岚

即使是面对老师，也绝对不妥协、不让步，还好对我这个数学老师倒不排斥。上技能课，他用瓶子敲得桌子砰砰作响，影响了教学，老师上前制止，他居然跟老师对抢，还抓伤老师的手臂。刚毕业分配来的林老师，为这孩子伤透了脑筋，说他一句会顶上几句。有一回，听说小虎又和同学发生口角，林老师批评了小虎，他不服气，只见他两眼瞪得大大的，脸涨得通红，原来黝黑的脸更黑了，他恨恨地站起来嚷道："是他们先惹我的，又不是我先动手的，凭什么只批评我！"刚好我在一旁，我静静地看着他，他瞄见我正看着他，眼眶一红，突然哭起来了。我走到他身边拍了拍他的肩膀，替他擦干眼泪，让他坐下。

看着这个不大不小的愣头青，我看到了他强悍的外表下一颗脆弱的心，他渴望交朋友、有玩伴，渴望得到认可，但与人相处的方式方法不当，没人愿意跟他玩，就愈发表现不好，常常挨批，他的小日子也不好过呀！他还是个孩子啊，他的所作所为他自己可认为都是正确的呢！我知道对他采取不恰当的教育方式无异于扬汤止沸，还将适得其反。

我经过认真分析，决定做三件事实施"釜底抽薪"之计：第一，找班上那些打篮球的男生，告诉他们小虎的需要。这个小虎四肢发达，性格直爽，不懂得表现好自己，经常惹是生非，其实他非常想跟大家一起玩，大家的拒绝只会让他的脾气越来越暴躁，不利于班级团结。我要求篮球队成员接纳小虎，帮助小虎，让小虎在篮球运动中沟通交流，增进友情，泄去他多余的精力；又找小虎，告诉他班级篮球队欢迎他加入，只是提醒他即使火气再大也不能出手打队友，遇到事情就来找我。他听了很高兴，点了点头。第二，告诉家长，家庭、学校教育得双管齐下，善加引导，不要总是盯在孩子的缺点上，要多鼓励肯定孩子，让孩子参与家务等，与父母一同做事，体会做父母的辛苦与不易，疏导结合，通过摆事实、讲道理，让孩子慢慢辨析美与丑、善与恶，逐步改善规范自己的行为习惯。第三，与科任老师沟通交流，密切配合。平时如遇牵涉小虎的事不主观臆断、先入为主，应先安抚他的情绪，再妥善沟通解决，应多鼓励引导他参加体育活动，发挥他的长处，塑造他的个性，让他原来漫无目的的生活学习变得充实而有意义。

老师、家长、同学紧密合作，"依计而行"……

一根根"燃烧的柴"被悄悄地抽掉了,"火"慢慢地熄灭了,小虎变得阳光起来了,行为习惯得到很好的矫正,融入了班级大家庭,成了一名运动场虎将。

【案例剖析】

农村每个家庭大多有两个孩子,重男轻女的现象极为严重,家长都把男孩子当宝贝宠着,要风得风,要雨得雨,把这些孩子惯成了"小太阳""小皇帝"。

孩子权利无限,义务几乎为零,从来不被要求为家庭做点什么,家长对孩子的溺爱,容易使孩子形成"我"的存在是最重要的,一切都要以"我"为中心。这种唯我独尊的思维定式,让他目中无人、行为乖张,稍不如意便打人骂人。孩子逐渐长大,经常惹是生非,家长意识到再不管是不行了,于是开始严加管教,可家长的话孩子已经听不进去了,经常顶撞,完全不服气;家长着急上火,无计可施,只能喝骂甚至暴力管教孩子,将自己的意志强加在孩子身上,孩子一时"屈服"。此乃下策,反而给孩子树立横行霸道、蛮不讲理的榜样,内心深处滋长了霸道、暴力、打人骂人就是解决问题的好办法。于是,当孩子在欲望得不到满足时,就会模仿父母的行为来发泄自己的情绪,轻则出口骂人,重则动手打人。

这种环境下教育出来的孩子任性、懒散、自私、专横,毛病多多,教师和家长对教育这类孩子煞费苦心,但收效甚微,有时又操之过急,简单粗暴,孩子反而产生逆反心理、对抗情绪,甚至有过激行为。我一向非常喜欢孩子,看到每一个孩子天真无邪,生命鲜活,爱心油然而生……如何矫正该生,我思虑良久,最后确定运用"釜底抽薪"之计:教师、家长、同学之间尽量避免与该生发生正面冲突,把关注孩子不良行为的注意力转移到孩子的优点和兴趣上,多鼓励,多鞭策,循循善诱,使该生一点一滴感受到大家对他的友善,慢慢认识到自己的不足,从而正确看待周边的人与事,一步一步规范自己的行为习惯,最后融入到大集体当中去。

在此计中,我抽去诱发孩子"上火"的"薪",从而实现"抽薪败火,爱心滋润"的目标。

第二十计　浑水摸鱼[①]

【原文】

乘其阴乱，利其弱而无主，随，以向晦入宴息。

【释义、运用】

乘着敌人内部混乱，利用他还是弱小而没有主见，他随从我，像人要随应天时去作息，向晚就当入室休息。要抓住对方的可乘之隙，而我借机行事，使乱顺我之意，我便乱中取利。对于部分陷入困惑的学生，适时地运用"浑水摸鱼"，解除学生困惑，通过设立榜样目标，令其追寻，展现出自身优秀的一面。

【案例回放】

斌杰是班级里的后进生，其智力水平并不低，可以说脑瓜子还较为活络，但在班级里属于较为平庸的存在，上课总是眼神游离，课间也不见他兴致勃勃，整日一副云里雾里、活在自己世界里的样子。在其五年级的时候，体育课过程中，我发现他篮球打得不错，是个值得培养的孩子，便主动与其交流有没有兴趣加入篮球队。刚开始我仅仅是抱着试探的心态进行询问，比较庆幸的是他很爽快地答应下来，丝毫不像他平日所表现的犹豫不决的性格。从而我也有了更多与他接触、谈心的机会。训练过程中，斌杰所表现出来的状态截然不同，十分认真地进行训练，篮球技术也得到极大的提高。

在一次与外校的友谊赛后，我们进行队内的总结分享会，伴随着比赛胜利的喜悦心情，队员们也都愈发开怀畅谈，每个人都述说想成为一名球技精湛的球星。随即我顺藤摸瓜，让大家阐述除了成为球星以外的梦想，队员们

[①] 撰稿：平潭实验小学　王晨隆

也都一一讲出了自己的梦想，唯独到了斌杰发言时，他变得十分迟疑，犹犹豫豫地嘟囔了一会儿，最终还是没能说出自己确切的梦想。我明白，这并不是他没有梦想，而是有他自己的小疑惑，导致他没能坚定自己的决心，于是我也没有急于了解他的梦想，想着找个合适的机会和他再单独谈心。

随后几天的训练里，我发现他的训练积极性没有那么高了，于是我主动找他聊天，询问他是否遇到了什么事。他投来迷惘的眼神对我说："王老师，您是我在学校里最喜欢的老师，您有精湛的球技，还很有亲和力，我也羡慕像您一样的生活，但是我不知道是否要成为您这样的人。"听他这么一说，我心中暗暗震惊，小小的年纪怎会有这种困惑，我随即询问他为何会有这样的困扰。他向我说道："我的爸爸妈妈开着杂货铺，每天生活得很悠闲，也很快乐。爸爸在茶余饭后也常说，人这辈子活着开心就好，不要太为难自己，让自己拼了命地去追求生活。"并且在父母的观念里成长，他确实也活得比较悠然自得，身边的亲戚也都是个体户，开自己的小店，看似也没有太多的忧虑。但是因为在学校，接触了篮球，他自身特别喜欢，希望自己能成为一名篮球教练，与篮球为伴，长大后可以有更多的平台展现出他的篮球实力，所以十分矛盾。一面是继续悠然自得，长大后接手父母的杂货铺过着平淡的日子，一面是现在开始刻苦练习球技，通过努力学习获取更高的平台展现自我。或许是他平日缺乏与父母亲友的沟通，所以这么一个简单的小问题却像一个大大的结拴在了他的心上，使他陷入困惑。我给他分析其中的利弊，并把自己设立为他的榜样，鼓励他追求自己的梦想。这些迷惑在孩子们心中都难以避免地存在，通过教师的人格魅力给他们进行梳理并"浑水摸鱼"地设立新的榜样目标，孩子们有了追求目标，逐渐脱离困惑，将自身优秀的一面显现出来。平日里为他将落下的知识点进行梳理，课后进行针对性的篮球训练。经过两个多月的努力，斌杰的成绩得到了稳步提高，也愈发有了自信，我从他的言行举止方面观察到，他还将继续坚持努力下去，追求自己梦想，寻求更好的人生。

【案例剖析】

家庭教育无疑会给孩子带来不同程度的影响，或追求极致或趋于平庸。

部分孩子在家庭中受到父母趋于平庸的思想影响，显然不适宜他们应当拼搏进取的青春，也与校园所教授的追求卓越的思想相违背，从而使孩子陷入困惑。年幼的他们未经世事，无法合理地抉择自己的人生志向，更有甚者误入歧途，做出违法乱纪的事。家庭教育固然根深蒂固，但学校教育更应该为孩子们开疆拓土，使孩子们接触更多的新思维，使他们对生活拥有更美好的愿景。作为一名教师，应当针对学生情况，及时为孩子解决困惑，不单是从学业上，甚至于生理、心理，让学生得以全面、健康的发展。

"浑水摸鱼"计正是以学生陷入一定困惑时作为切入点，当他迷惑、无所适从时，教师应当运用自身学识、人格魅力来诱导学生往正确的方面发展，使学生相信你，从而达到学生的心理感召，自然而然地落入你的"计策"当中，激发学生的追随欲，通过诱导解除学生的困惑，最终实现教育的目的。

第二十一计　金蝉脱壳[①]

【原文】

存其形，完其势；友不疑，敌不动。巽而止蛊。

【释义、运用】

金蝉脱壳的本意是：寒蝉在蜕变时，本体脱离皮壳而走，只留下蝉蜕还挂在枝头。此计用于军事，是指通过伪装摆脱敌人，撤退或转移，以实现我方的战略目标的谋略。稳住对方，撤退或转移决不是惊慌失措，消极逃跑，而是保留形式，抽走内容，稳住对方，使自己脱离险境，达到己方的战略目标，己方常常可用巧妙分兵转移的机会出击另一部分敌人。在处理孩子之间的矛盾时，适当运用"金蝉脱壳"之计谋，可以变被动为主动，达到主动承认错误之效果。

---

① 撰稿：平潭实验小学　薛珠凤

【案例回放】

这是发生在前两届学生中的一件事，那时正值他们毕业在即之际。这些女生在六年的相处中都是比较乖巧、无邪的，那天却发生了一件让我意想不到的事，她们的举动着实让我大吃一惊。

事情发生后我第一时间找当天的值日生作了解，知道事件的主谋是一个姓郑的女生。那天借帮助值日时，胁迫几个平时老实听话的女生往一个女生的座位上洒水，还不辞辛苦跑五层楼去楼下带了沙子往座椅上撒，往桌上吐口水。除了郑同学，无论是攻击者还是受害者，都是班干部。想着她们得有多大的仇恨呀，我着实不明白。

知道情况后，我没有第一时间找郑同学谈话。郑同学日常一直勤劳能干，非常乐意帮老师们做事，一副积极上进、关心班级的形象。但我知道她人小胆大，机灵着。正因为这样，虽然她是主谋，但我没有先找她。我一一找了几个参与者，知道这些行为非她们所愿，是郑同学指使，问她们为什么不告诉我，她们斟酌许久，在我的鼓励下才小心翼翼道出原委：郑同学因为平时积极主动，我也因此经常表扬她热心、肯吃苦等，她于是告诉这些班干部，说我最信任她，只要她告诉我谁不好，我就会辞掉谁的工作。真有点狐假虎威之势。她们很珍惜自己能是一名班干部的殊荣。这些善良、单纯的孩子不明真相，就这样在她的指挥下做出了这些让人匪夷所思的行为。

我清清楚楚知道事情真相之后，还是没有找她，妥善处理了其他几个女生之间的矛盾，让她们思考该行为的错误和为此带来的后果，该道歉的道歉，该改正的改正。据我对这几个女生的了解，她们以后不会再有这样的行为。

接下去，我们照常进行紧张的毕业应考复习，直到毕业我都没有因为这件事情找过她，她也没有主动找我谈过此事。

起先，明显地感觉她不敢像之前那样一下课就到我身边做这做那。从郑同学看我的眼神中，我明白她也清楚我找过其他同学，一直没有找她。从她看我的眼神中，我读出了她的失落。侧面了解到，刚发生事情那会儿，她还以各种理由要挟她们不能说。我一直没有找她，她也就越来越收敛了，没有再出现威胁之举。

在毕业典礼的那一天，她送给我一个精美的礼物，里面夹着一张贺卡，卡上写着："老师，谢谢您！"言语不多，聪明的她明白了我的良苦用心，我没有找她是给她自我反思的机会；没有当面戳穿她，是在维护她的自尊心。

【案例剖析】

金蝉脱壳之意是我暗中谨慎地实行主力转移，稳住敌人，我则乘敌不疑之际脱离险境，就可安然躲过战乱之危。在处理这件事上有类似之计策。

事情发生的当初我没有找她先了解情况，是因为我知道：如果我第一时间找她，她会用各种说法让你相信她只是一个无辜的参与者，并且在与我交谈之后，她会第一时间去告诉她们我相信她，不相信这些事是她所为。如果她们告诉我实情只会被认为是说谎。这样，我就永远不明白事情的真相，也不知道她在同学中是这么霸道、这么强势。这就避开了与其正面交锋而失去了解真相的机会，在某种程度上削弱了她的锋芒。

明白真相之后我依然没有找她，是因为我知道她是个特殊的孩子，父母不在身边，长期跟随亲戚一起生活，发现好几次来开家长会的家长都不一样，他们都很关心她的学习，每次会后也都会来找我。我为此找过她，问过情况，大概就是亲戚家想认她为女儿等。这样成长中的她比同龄人成熟也机灵很多。我不想当面去戳穿她，毕竟她还是一个孩子，况且是一个处于特别敏感期的孩子，处理不好就有可能引发她内心狂躁的小宇宙，以后更明目张胆、肆无忌惮地欺负、威胁同学。我敢晾她，是因为我非常清楚她相当在意我，我不去找她已经让她很难受，课间安静很多。如果我连这个能让她感受到尊重的稻草都给弄折了，她真有可能走向极端。

在晾着她的同时，我还鼓励孩子们要照常与她交往，不能孤立她，同学之间要互相理解与帮助。同时，希望其他孩子也能强大自己，明辨是非，做个自信上进健康的学生。

在处理该事件中，我巧妙运用了金蝉脱壳的计策，教育了全体孩子，使他们平稳度过小学生涯，给六年的小学生涯画上了圆满的句号。

第二十二计　关门捉贼[①]

【原文】

小敌困之。剥，不利有攸往。

【释义、运用】

弱小的敌军要采取四面包围、聚而歼之的谋略。如果让敌人得以脱逃，情况就会十分复杂。若穷追不舍，既怕它拼命反扑，又怕中敌诱兵之计。关门捉贼的"贼"，是指那些善于偷袭的小部队，它的特点是行动诡秘，出没不定，行踪难测。它的数量不多，破坏性很大，常会乘我方不备，侵扰我军。所以，对这种"贼"，不可放其逃跑，而要断他的后路，聚而歼之，"关门捉贼""瓮中捉鳖"有同工异曲之道。那"关门捉贼"和转化后进生有什么关系呢？此贼非彼贼，后进生是班级中现实存在的一个比较特殊的小群体，或是表现不好，或是成绩不佳。"关门捉贼"是班主任转化后进生工作中所采用的众多方法中的一个。切断不良影响，把后进生置于一个比较小的环境中，营造一个良好的转化氛围，在积极的舆论中进行潜移默化，用集体的目光督促，用集体的成绩带动，以达到良好的转化效果。

【案例回放】

2019年秋季，我承担一年级语文教学兼班主任工作。开学初，因为对学生的不了解，最初我只是按照个子高矮和男女搭配的原则进行座位编排。刚过一周我就发现，班上有四个特别爱说话的孩子居然坐在了一起，同桌间讲悄悄话，开玩笑，做小动作，前后桌转来转去动个不停，整个课堂他们几乎都没有听课，还干扰影响了他人。几个科任老师也反映，这几个孩子特别好

[①] 撰稿：平潭实验小学　林秀兰

动坐不住，还停留在幼儿园"自由行动"的状态。从幼儿园到小学要有一个过渡时期，但是已经进行了两周的课堂常规训练，大多数孩子已经步入正轨，个别的经过提醒或教育会马上改正，只有这几个孩子依然我行我素。我严厉地批评他们，甚至动用了罚站，但这些孩子好了伤疤忘了疼，总是故技重演。不能让这几个孩子成为"害群之马"的想法一直占据着我的脑海，让我心急如焚。对症下药才有效，我努力让自己冷静下来寻找突破口，经过深思熟虑，我的脑海中渐渐有了思路。

首先，我把这几个特别好动的孩子分开，插到每个小组去。然后进行小组评比，表现好的每个同学送"苹果"加分，表现不好的就扔"炸弹"减分。周五统计总分，冠军组会得到奖励，小组的每个同学都会得到5积分，还可以少做作业。积分累积到期末可以换礼物，得分高的可以先选礼物。想得到冠军可没那么容易，需要每个同学都表现好，每天都要表现好，这样就把几个特别好动的孩子关在了自己的小组里，由小组的同学来监督他。

其次，我把圈子缩小，在这些特别爱讲话好动的孩子周围，都派上了自控力特别强的监督员。他们是任你怎么招引都不会搭理的孩子，那些好动的孩子在课堂上找不到玩伴了，蠢蠢欲动一会儿就慢慢安静下来。

再次，同桌是最重要的。我就派了定力最强且有震慑力的四个孩子（我称他们为"定海神针"），分别坐在这四个同学的旁边，以便及时发现、提醒、警示、督促他们。有一次，我发现有个女孩子上课又想说话，我反其道而行之："你们看，某某某这对同桌上课多么认真听讲！真不愧是班级最佳搭档！"话音刚落，她的同桌赶紧用手重重地碰了她一下。这个女同学立刻领会同桌的意思，马上坐好，认真听课了。经过几周的训练，发现这几个孩子的表现有了很大的改观，家长也非常高兴。有一个孩子回家高兴地告诉妈妈："我的同桌是个学霸，他会帮助我，提醒我，我进步了，老师表扬我了。"

现在，每周五最后一节课是孩子最期待的，我会给冠军组的每个成员发积分奖励，好好地夸他们一番。每周总有一组是冠军组，这就意味着总有一个最初的后进生也得到了奖励，这对他来说也是莫大的欣喜。这几个孩子目前学习成绩和日常表现都很棒，可谓药到病除，可喜可贺。

【案例剖析】

从上面的案例我们可以看出，后进生不等于差生。转化后进生不是一蹴而就的，如果想立竿见影而采取粗暴的方式，结果一定是治标不治本。心急吃不了热豆腐，欲速则不达，虽然我们老师的出发点都是好的，但是这些学生是不买账的。作为老师，我们应该静下心来认真研究这个后进生的问题出在哪里？应该怎样解决？在解决的过程当中会遇到什么样的困难？我们应该采取什么方法来应对？而不是一味地暴跳如雷、指责、批评，或是请家长到学校来带孩子回家面壁思过。缓一缓，给老师思考的时间，也给学生转变的时间。

从上面的案例我们可以看出，以班级为单位来转化教育后进生，效果不显著，以小组为单位，把这些后进生关在小组里，小组成员一起监督，一起加油鼓劲，效果更好。继续缩小范围，甚至以前后左右桌为单位，把后进生团团包围住，让他们的一些坏习惯失去肆无忌惮的行动空间。同桌的作用可谓"一夫当关，万夫莫开"，老师善于为后进生选好同桌，会给自己减轻许多工作负担。

温柔的鼓励表扬和严厉的批评指正像两股风，为孩子保驾护航，使孩子不至于偏离方向，误入歧途。老师有时是"观音菩萨"的化身，慈眉善目循循善诱；有时又是"雷公公"的化身，偶尔霹雳让人胆战心惊。对待后进生，一味的赏识教育或是棍棒教育都是不可取的。

转化后进生是一项艰辛而富有挑战性的工作，只有相信学生，因材施教，多用巧方妙法，才能使他们摆脱痼疾，走向重生。

第二十三计　远交近攻[①]

【原文】

形禁势格，利以近取，害以远隔。上火下泽。

【释义、运用】

处于（扭转）不利的形势（局面），要考虑（阻止）它发展的方向（趋势），（利于）攻取附近的地方，就有利，（不利于）攻击远隔的地方，就有害。《易经·睽》卦说：火苗向上冒，池水向下流，志向不同，也可以结交。"远交近攻"后来也指待人处事的一种手段。在教育中，对一些问题学生运用"远交近攻"策略，接纳这些孩子身上的一些缺点，善于发现他身上的闪光点、挖掘优点，找到抓手，慢慢引导，实现转化。

【案例回放】

班上有一男生，很聪明，但是脾气有些古怪，在班上常常独来独往，很情绪化，像一头犟驴，同学偶有冒犯他，会有情绪或行为反应过激，在同学中人缘不大好。该生还懒得出奇，凡有带回去的作业，你就别指望他会完成，语文考试经常在及格线徘徊。

这种怪脾气的孩子，刀枪不入，我只能隔三岔五亲自检查他的作业，及时跟家长沟通该生作业完成情况，请家长加强家庭作业检查，这样，倒也相安无事。

直到那一回，临近考试，抄写词语的作业比往常多一点，而他连续几天一个字都没写。有一天，听着组长的汇报，我沉不住气了，要他放学留下来补作业。我正收拾着讲台上的东西，听到一个同学说他溜走了，我赶紧追上

[①] 撰稿：平潭实验小学　薛巧萍

去，拉着他想让他回到班上把作业补完。没想到，他情绪激动，又哭又闹，突然俯下身朝我右手狠狠地咬了一口。那一刻，我被他的反应惊呆了。冷静下来，我打电话跟家长说明了事情的缘由，请家长带他回去，并要求家长不要刺激他，对他进行冷处理。

当天下午，家长打电话来，说他死活都不来上课。因为我带这个班已经三年了，我很了解这个孩子的脾气——非常犟。我告诉家长就让孩子在家里自己待着，不要强迫他。第二天，这孩子总算来了，可接下来几天的作业，他一个字都不写。我很清楚，对这样的孩子，常规的教导、讲道理是没有用的。对这块顽石，先沉住气，接纳他，与他和平相处，找到他身上的闪光点，想办法慢慢感化他。

平时课前请组长发作业时，坐前排的同学经常热情主动地请求发作业，我也经常慷慨地让他们发。有一天发作业时，我很随意地把一组作业放在他面前（他坐第一排），正在看书的他一愣，放下手中的书，帮忙把作业发下去了。于是，隔三岔五地，我会把作业放在他面前，让他帮忙发；有时，我会请他帮忙擦黑板；早上我早到班，请早来的孩子帮忙做卫生时，他也会默默地帮忙，我在表扬这批同学时，当然忘不了他。慢慢地，我发现，他开始隔三岔五地完成作业了（当然不会百分之百完成），脾气也没那么冲了。

自从咬人那件事发生后，我表面上像什么事也没有发生过一样，但是心里时刻琢磨着要改变策略转化该生，于是经常在早读、课间、午读时观察他，我发现他最大的优点就是爱看书。当他在座位上静静看书的时候，你一点儿也不觉得他是一个脾气古怪、暴躁的孩子。会阅读的孩子就有机会转化，我想起了三十六计中的"远交近攻"策略，决定试一试。我找了一个时间，跟他分享自己小学时读书的故事，送了他一本儿童文学作家黄蓓佳的《今天我是升旗手》，我期待着这样的书对他能有一点点影响。同时，我也在班上向全体同学分享阅读这本书。随后，我会找一些时间跟同学们聊书中的孩子，聊书中人物的校园生活、他们的课余生活。因为他是在我向全班同学推荐之前就有的书，所以读得比其他同学快，分享时发言非常积极，他的口头表达能力本来就很强，同学们对他刮目相看。

读完了《今天我是升旗手》，我又向他分享了自己正在阅读的黄蓓佳的

《我要做个好孩子》这本书。这回,他第一时间跑到书店买到这本书。在这样的分享中,他的情绪变得温和。我趁热打铁,邀请他担任图书管理员,他爽快地答应了。利用该生图书管理员的身份,我经常找他聊班上同学借阅图书、归还图书的情况,针对一些图书借阅存在的问题,鼓励他开展调查活动,优化借阅策略,管理好图书角,他很乐意做这样的事。慢慢地,他跟同学的关系融洽了不少,作业几乎都会完成,偶尔没做作业被组长检查到后总能及时补做,成绩进步了不少,还会经常主动帮我做一些小事,整个人变得阳光活泼了。

【案例剖析】

后进生一般比较懒散,对老师布置的作业、要求遵守的规则经常是"左耳进,右耳出",在情感上比较冷漠,态度上比较排斥,基于后进生经常表现的这种心理,如果教师用常规要求他们,他们常常我行我素,依然如故。在后进生转化中,教师要有一双敏锐的眼睛,善于细致观察,及时发现问题;更要有一颗智慧的心。运用三十六计中的"远交近攻"策略,发现问题之后不妨心态平和,面对倔强固执、情绪易怒的孩子,教师避开孩子的锋芒,扭转对自己不利的形势,冷静思考对策。从内心接纳他们,宽容同情孩子,延迟处理问题。在日常教育教学中,通过观察,发现孩子身上有利于转化的方面——喜欢阅读课外书,就从分享阅读入手,热心肠、爱劳动,就从劳动入手,顺势而导,攻取有利于转化的地方。"亲其师,信其道",教师以真情唤醒孩子自身的良知,让他内心长出力量,在良知的催促下,靠自己的力量做出改变。教师应尽量避免在后进生犯错时过分指责、教导他,因为问题发生时,教师有情绪,孩子也有情绪,这时去指责批评他,就容易产生对立情绪,甚至形成坚冰效应,孩子就会找理由对抗,找借口撒谎,转差教育就会事倍功半。

第二十四计　假道伐虢[①]

【原文】

两大之间，敌胁以从，我假以势。困，有言不信。

【释义、运用】

对处在两个强大敌人中间的国家，敌人胁迫它时，我方却作援救它，立即出兵。《易经·困》卦说：对处在困迫状况下的国家，空谈而没有行动，是不会被他信任的。

后进生存在的问题大多是对学习缺乏兴趣，由此产生厌学情绪，导致成绩不好或课堂行为不端。心理学认为：积极的、良好的情绪能促进学习的进行，而不良的、消极的情绪则会极大地阻碍学习。所以个人的情绪状态也是影响自我效能感的因素。作为教师，要帮助学生对学习产生兴趣，掌握巧妙化解不良情绪的方法，让学生知道：同一件事，从另一个角度去看待，心情也会不同。教育学生就不应和学生产生对立。转化后进生最紧要的一点是不要逼学生，要求他们进步，不妨先暂时放松一步，先顺应学生的想法，再伺机转变。

【案例回放】

一晃眼，孩子们六年级了。看着鹏飞，我不禁发起愁来：他是一个聪明的孩子，但在学习上却懒之又懒，作业能省则省，每次交来的作业总是空白一片，或者三项只交一项，课代表登记的拖欠作业名单总也少不了他。

有一次，鹏飞拖欠三次作业后，我严肃地告诉他："拖欠了三次作业，这个拖欠行为必须通知家长。"我带他到办公室，由他自己拨通他妈妈的电话，

[①] 撰稿：平潭实验小学　魏云娥

先由他告知家长自己拖欠作业的事，然后我再把详细情况跟家长作了说明，让鹏飞的妈妈具体了解他拖欠的次数以及内容，并要求家长给予督促。随后的几天，鹏飞的作业情况好转了许多，留的空白少了，作业总算交齐了。谁知，我的高兴劲才维持一星期，鹏飞就故态复萌，他又开始拖欠作业，甚至有一天什么作业都没交。我揪住他问："这是怎么回事？"谁知他一副漫不经心的样子说："我忘记了。"气得我再次把他带到办公室，又打电话告知家长作业拖欠的事情。

如此反反复复，鹏飞依然我行我素，情况好转只能维持几天，语文成绩一直在及格线上徘徊。

是他家长督促不力？还是他懒惰、缺乏自制力？还有什么好办法可以治疗这小子的拖欠"顽疾"呢？

在一次作业辅导课上，我让鹏飞拿出当天布置的作业，先完成作业中比较难的几道，然后为他作讲解分析。待他订正后，我问他："剩余的作业晚上做得完吗？"鹏飞看了看，高兴地说："肯定能，今天的语文作业很简单呀！"

第二天，他交齐了所有的语文作业，这让我很高兴。这时，我突然意识到，把辅导做在前面，减少作业的难度，鹏飞是不是可以顺利完成作业呢？于是，从那以后，我常常主动问林鹏飞："作业有困难吗？"我利用课外时间经常找鹏飞，帮他"开小灶"，辅导他先完成比较难的题目，遇到事情多，没空做到当面辅导，晚上也会打电话了解作业情况，针对难题，及时给予帮助解答。慢慢地，鹏飞拖欠作业的毛病改了，语文成绩也逐渐得到提升！

【案例剖析】

对鹏飞这类学困生，他拖欠作业，源于遇到了"拦路虎"，因作业难而不会做，所以才不做。作为教师的我，惯有的教学经验是针对学生不会的再做辅导，其实，把辅导做在前面，减少答题的难度，鹏飞就可以顺利完成作业，这样他就不会拖欠作业了。之前不管是我的批评还是家长的责骂，都只是空谈，没有实际行动，以至于鹏飞拖欠作业的老毛病改不掉。当我意识到面对新的学生新的特点应该尝试新的教育方法，并及时付诸行动，给予鹏飞有效的帮助，局面立马改变，取得成效。

教育，不能缺乏创新意识，要善于"假道"，突出"奇兵"，往往可以取胜。教师要给后进生铺设进步的阶梯，搭建成功的舞台，让后进生跳一跳就能摘到果子。在课堂教学中，对后进生的思考、学习和表达，要予以肯定。要用简单的任务让他们容易获得成功，用激励的言行让他们自己想要成功，用同学的督促让他们积极争取成功。

苏霍姆林斯基说："在人的心灵深处，都有一种根深蒂固的需要，这就是希望自己是一个发现者、研究者、探索者。"在后进生的内心深处，也不失有这么一种需要。但是由于前期积累的匮乏、知识的缺位，使得他们在探究新事物时产生扭曲的理解，这种理解是基于他自己的科学观的，可以认为是一种主观的臆断而非科学推演。多次表达或表现的错误使他产生挫败感，导致学习兴趣低迷、学习习惯怠惰。

在老师鼓励、同学帮助下对成果的复述，就是对这类后进生很好的扶持，这会让他们一次又一次地体验成功的喜悦，提高他们的学习兴趣，强化他们的学习动机。在多次重复他人的经验后，后进生将会体会到学习的规律和表达的方法，到那时候，他将不再拘泥于复制他人的成果，而开始学会去粗取精，学会去伪存真，学会加工信息，学会自主学习。

第五组块：并战计·循序渐进

并战计以防范为主，免被他人兼并，足以自固。这套是综合应用的计谋。循序渐进是按照一定的步骤逐渐深入或提高（指学习或工作），用于教育转化后进生是个很好的策略。"循序渐进"要求教育转化的方法应根据学生的年龄特征、性格特点和接受的最大负荷等顺序安排，由易到难，由简到繁，逐步深化提高，使后进生教育转化达到最佳的效果。有人把"并战计"说是"病"战计，建议不是万不得已不要用，而我们老师觉得，此计用得恰到好处，甚是好用。后进生教育转化无非就是守正导行教育，从教育内容上看，以行为规范教育为重点,还需要根据每学期的中心任务和实际情况加以具体设置和安排;从教育形式上看,除了主题班会、个别辅导、个别谈心之外,还需与各学科的教育活动,与各种课外兴趣小组活动、社会实践活动、文艺体育活动有机结合起来,加强家校配合,搞好全方位、多层面的融合与共建,创造激励机制,强化行为守正的引导规范的导向。所有这一切,往往是综合两个或多个同时进行,当然都得有个计划安排,讲求节奏,循序渐进。

第二十五计　偷梁换柱[①]

【原文】

频更其阵,抽其劲旅,待其自败,而后乘之。曳其轮也。

【释义、运用】

指用偷换的办法,以假代真,以劣代优。《易经·既济》卦说:先拖住敌人,然后再替换他。多次变动敌人的阵容,把他的兵力调开,等待他自己败阵,然后用谋进攻他,就好比拖住了车轮,车子就不能运行了。后比喻玩弄手法,暗中改换事物的内容或事情的性质,以达到蒙混欺骗的目的。现在泛指用偷换手法暗中改变事物的本质和内容,以达到自己想要的目的。谦虚使人进步,骄傲使人落后。骄傲自大会对孩子的发展产生消极影响。在面对骄傲的学生时,我们可以通过"偷梁换柱"的方法,少给他们表现的机会,稍稍打击他们,让其感受到自己的不足,等他自己败下阵来,再正面引导,从而达到教育的目的。

【案例回放】

那年小伟11岁,上小学五年级。小伟看的书很多,知识面广。就是因为

[①] 撰稿:平潭实验小学　郑昌燕

他看得多懂得多，在班上总是瞧不起别人，非常的骄傲自满。数学第一次单元测试，他考了 100 分，他非常得意，到处炫耀，连着好几天上课都不听。第二单元又要考试了，自习课上老师叫孩子们要多复习。别的同学都听老师的话，安静地认真复习。而他却转来转去，说："这个单元这么简单，还用复习，这次考试我肯定又是 100 分。"考完试之后，别的同学都在讨论哪道题很难、哪道题做错了等等。他却说这道还不容易啊，这张试卷太容易了。最后，试卷发下来，他考了 85 分，看他的卷子，不是抄错数据，就是省去很多步骤，典型的"走江湖"。

在班上，小伟总觉得他是最好的，经常跟班里的同学说："我是围棋高手，谁都下不过我。"其实我们班学围棋的同学特别多，很多同学听了都说他太自大了，当时艾佳说："没走过谁知道啊！"他就自傲地说："就你呀！我让你 10 粒都没有问题。"艾佳很不服气，说："我还让你 20 粒呢！"最后当着全班男生的面，他们开始比了，谁都没让谁，还是他输了。

经过这两件事，我以为他会意识到自己的不足，可是后来我了解到他还是这样自以为是。骄傲自大的孩子很难和同学友好相处，因为他不能做到平等相待，总是以高人一等的态度对待人或喜欢指挥别人，所以我就想挫挫他的锐气。我私底下找了班里几个以前被他瞧不起的同学来，请他们来演一出戏，叫他们每天都找一些他不知道的问题来问他，当他答不出来的时候，就用他以前说别人的语气来回敬他。平时课堂上他举手，我也尽量冷落他、不提问他。

果真过了一段时间，小伟耷拉着脑袋，跑到我这里来抱怨说："老师，最近我发现你不喜欢我了，还有我们班现在有好多同学看的书多一点，就问一些我不知道的问题，我回答不上来就说我笨，说我蠢。"我问："你听了之后难过吗？""难过，感觉大家都瞧不起我。""那你以前有没有这样说过别人呢？"他想了想之后说："有。""现在你知道别人用这种态度对你，你难受。那当你在说别人的时候，你考虑过别人的心情和感受吗？"他的脸开始红了起来，慢慢地低下了头。我接着说："我们在做每件事之前，都要想一想你所说的每一句话、做的每一个动作和眼神，是否会对别人造成伤害。你只要设身处地为别人想一下，或换位思考一下，我相信你一定会成为一名名副其实的优秀学生。"他开始抬头看我。"谦虚使人进步,骄傲使人落后。你其实非常聪明,如果在学习上能谦虚一点,相信你一定能取得好成绩!"

通过这次认真的谈话,我发现他慢慢地改变了,真心为他高兴。

【案例剖析】

教师的教育艺术表现在:对优等生,要锻炼他的翅膀,使之更坚实有力,让他飞得更高更远;对暂时落后的学生,要用"显微镜"来搜寻他身上的闪光点,让他提高自信心。骄傲自大的孩子往往不屑于与别人交往,心胸变得很狭隘。他们虽能取得一定的成绩,但往往只满足于眼前取得的成绩,而看不到别人的成绩。

骄傲自满的学生都比较聪明,一般表现为一听就懂、一看就会,听别人的赞扬多、批评少。家长每次听到别人的赞扬心里总是美滋滋的,视之如宝,不忍心让其参加体力劳动,忽视了意志力的锻炼和培养。这些都增加了他的优越感。时间一长,这些同学就不能正确地看待自己,自以为聪明,听不进批评,喜欢表扬,虚荣心极强,经不起挫折,遇到挫折会惊慌失措,失去平衡。

俗话说"玉不琢不成器""好花也要阳光沐浴"。在面对骄傲的学生时,我们可以通过"偷梁换柱"的方法,频更其阵,抽其劲旅,待其自败。像上面案例中的小伟,让他认识到自己的不足,自己先败下阵来,教师再"动之以情,晓之以理",有时可以利用学生中的活的教育资源,让学生自己反思,自己醒悟。作为班主任,我们要看准"火候"巧添"煤",名作家杨朔说得好,"每个人心里都埋藏着一团火种,只要你善拨,它就会熊熊地燃烧起来"。儿童有很强的可塑性,我们要尽可能让每个孩子都觉得"老师是爱我的",这样我们说的话才会进到他的心里,才会开启孩子心灵之锁,达到教育的目的。

第二十六计　指桑骂槐[①]

【原文】

大凌小者，警以诱之。刚中而应，行险而顺。

【释义、运用】

强大的慑服弱小的，要用警戒的方法来诱导它。《易经·师》卦说：适当的强硬，可以得到拥护；施用险诈，可以得到顺从。指着桑树数落槐树，比喻表面上骂这个人，实际上骂那个人，旁敲侧击、借题发挥。现如今，孩子的自尊心都比较强，在公开场合教育学生时，老师一定要注意讲究策略。通过对学生运用善意的"指桑骂槐"，让孩子有所进步。

【案例回放】

我是今年接任四年4班的班主任。据原来的班主任介绍，这个班的孩子两极分化严重，差的学生不但学习差，行为习惯也不好。这些学习习惯不好的孩子，女生以小灵最典型。小灵这个女孩子，长得清秀可爱，读一、二年级时，成绩优异，还担任过年段督导员。三年级的下学期，父母亲离婚，小灵归父亲抚养，父亲常年出外赚钱，让她平时跟着奶奶，并把她寄放在托管。慢慢地，小灵上课不在状态，作业不及时完成，有时撒谎说，作业放在托管忘记拿了，让她下午带来，结果还是没交作业。孩子的成绩慢慢下降，在及格边沿徘徊。原来活泼开朗的她，变得敏感多疑，心事重重。小明是她的邻居，与小灵同在一个托管。两个人是好朋友。

有一次，做完课间操回班，小明带着哭腔跑来告诉我："老师，我的带钥匙的笔记本丢了。"我一听很生气，班上竟发生这样的事情。当我气冲冲地走

[①] 撰稿：平潭实验小学　游珠金

向讲台时，我突然意识到：拿笔记本的毕竟只有一个人，如果去批评全班同学，效果一定不好，而且我知道今天只有小灵请假没去做操。倒不如……我对着班上孩子说："我知道是谁拿的，她只是先借去看看而已。"我又对小明说："你对借的人说句话吧！"小明看着班上同学说："这是我妈买给我的生日礼物，你看完了，要记得还给我呀！"我观察全班只有小灵低着头，眼睛不敢看着我，此时我心里已经明白了。第二天，小灵早早地来到学校，把笔记本拿到办公室交给了我。我告诉她，你是个勇敢的孩子，这件事是我们两个人之间的秘密，你和我都不要告诉别人。我又拿出特地买的一本带钥匙的笔记本送给她，她哭了。我知道对待小灵这样的孩子，不能用强硬的手段，简单粗暴地解决。我试着跟她交朋友，亲近她，与她谈心，告诉她有任何困难都可以来找我……慢慢地，她愿意与我聊天，说些心里话，而我对她也总是特别关爱。在我的努力下，到了期末，小灵状态渐渐有好转。

但到了四年级第二学期，2020年寒假，因为新型肺炎疫情，学校延迟开学，全国实行"停课不停学"线上学习，跟着爸爸奶奶一起生活的小灵，假期里又开始"放飞自我"，故态复萌，爱玩游戏，不爱学习，不交作业了。有一天，感觉她一直在线，到傍晚了都还没交当天的作业。我打电话询问小灵奶奶，孩子在家是否具备上网课的条件。她奶奶告诉我，她爸爸特地买了一个iPad让她学习。我没有告诉奶奶她作业没交的事情，而是让小灵接电话，我对她说："我查出小明下午都在线上，作业却没有提交，你帮我打电话问小明，她下午在干什么？"她愣了一下，答应了。不一会儿，小灵回复说，是因为手机没电，其实作业已经做好了，还来不及拍照上传。不管她说的是真是假，那天小灵和小明的作业都及时提交上来了。之后她的作业基本能及时完成，有时不会做，也会私下询问求解。

【案例分析】

每一个学生都是独立的个体，他们对于我们的教育方式方法的理解是不同的。对于这些行为习惯或学习相对落后的学生，作为教育者的我们，不能简单粗暴地批评与指责。运用此计，教育学生时，要做到在处理有些事情的时候，不一定要直接针对事件本身，可以采取迂回战术，旁敲侧击，让学生自己去发现、去思考、去感悟，从中找到差距，认识到自己的缺点和错误，从而得以改正。因此，对于不同的学生我们要采取不同的策略，但有一点是相同的，那就是——爱。在对待单亲家庭敏感脆弱的小灵同学时，我始终秉持着一个原则：爱护关心，旁敲侧击，提醒帮助。在她犯错误时，不当面指出，而是告诉他们老师已经知道是谁拿的，让她自己意识到错误及时改正。当她玩游戏、忘做作业时，我是通过请她帮忙提醒她的好朋友小明及时完成作业，来间接地提醒她也要及时完成作业。这样一方面保护了她的自尊心，另一方面让她明白老师的爱心，感受到老师对她的信任。通过我持续不断的关心提醒帮助，孩子慢慢地能及时完成应该完成的学习任务，不至于沉迷游戏中无法自拔。总之，后进生的转化工作，并不是简单地一蹴而就，而是长期的、反复的过程，需要老师有足够的智慧和耐心。急功近利的老师好比《让子弹飞》中的一句台词——杀人诛心，后患无穷。而一个优秀的老师的工作应该是育人润心，使学生受益终身。

第二十七计　假痴不癫[①]

【原文】

宁伪作不知不为，不伪作假知妄为。静不露机，云雷屯也。

【释义、运用】

"假痴不癫"，从字面上理解即装傻，假装糊涂，其实精神没有错乱，言语行动都很正常。"宁伪作不知不为，不伪作假知妄为。"宁愿假装不知道而不采取行动，而不假装知道而轻举妄动。在军事上，有时为了以退求进，必得假痴不癫，以达到后发制人的效果。这在教育上，同样适用。老师在学生面前故意示弱，故意不露锋芒，等到恰当的时机再后发制人。

---

① 撰稿：平潭实验小学　李明琴

【案例回放】

刚接了一个新的班级，高年级。这个班的学生聪明有余，自律不足，光有大脑，对学习却没有多大热情，整个班级尚未形成一种良好的学习氛围。

如何激发学生的学习斗志呢？当然不能轻举妄动，亦不可在学生面前亮出自己所有的底牌，得先伪装自己，先在学生面前示弱，让学生觉得自己很厉害，从而激发他们的学习热情。

听说这个班的一部分学生对古诗词比较兴趣，那就以此为切入点打开一条通道吧。第一节课进班我便写了杜甫的《登高》中的一、二两行诗句在黑板上，问："谁能接出三、四行呢？"同学们有的呆呆地看着我，有的对着同桌挤眉弄眼，有的干脆伏在桌面上视而不见，没有人有反应。过了一会儿，有个学生站起来问："老师，你会背吗？"问完哈哈笑了几声。我环顾了一下教室，面露尴尬地说："我也不会呀。"又接着说了一句："明天若有人会背出这首诗，那就可以当老师的老师了。"同学们面面相觑，各自心里都藏着不同的心思。

第二天，我又在黑板上写下《登高》这个题目，果然，有一个男生站起来很流畅地背下了整首诗，还有点儿得意地看着我。我在心里偷偷笑着，对着全班同学说："这位同学会背老师不会背的诗，可以当我老师了。"

第三天，我如法炮制，又在黑板上写了苏轼的《水调歌头》这首词的题目。这时候，居然有两三个同学同时站起来背，其他同学也不再像之前那般不屑一顾了，都专注地听着。

我想，有点儿效果了，我就坚持了下来，每天一首诗或词。背着背着，所有同学的学习热情被激发起来了，学习态度端正多了。

可是，这还不够，要想让学生真正听话，一味示弱可不行，得后发制人，让他们从心底里佩服老师。机会来了，有一天，一名同学背了李白的《送友人》，我便说："这首诗有点难度哦，我也想试试李白的诗。"随之便吟诵起李白的《将进酒》（我知道，这首诗较难，同学们几乎不会背，我得在这时候露一手，就挑选难度大的来）。又一名同学站起来背了一首柳永的《雨霖铃》，背完挑衅似的看着我。我不露痕迹地背起了柳永的《八声甘州》，之后还向大家介绍了柳永这个人。这时候,同学们看我的眼神与原来不一样了,诧异中带着佩服。

接下来,每天的一首诗词就变成了师生斗诗场。学生的学习斗志就这样被激发起来了,而我在学生中的威信也在这样的较量中慢慢树立起来了。

【案例剖析】

现在的孩子大多对学习没什么热情,只是在被告知你现在必须学习,否则以后会怎么样的情况下被动地学习,学习上毫无动力。作为老师,就得想办法激发学生的学习热情。

如何"对症下药"呢?当然不可在还不了解学生的情况下轻举妄动。要想一击制胜,你就得全面了解孩子,了解一个班集体的特点,了解每个孩子的个性。作为孩子,一般都有好胜心,也都有虚荣心。作为老师,你得找到切入点(上述案例中这个班学生对古诗词感兴趣,这就是切入点),先在学生面前示弱来满足他们的虚荣心,再让学生之间互相竞争,满足他们的好胜心。当学生都觉得自己很厉害的时候,老师就得找准时机,出其不意地在学生面前露一手,让学生对你刮目相看。如果老师一开始就在学生面前亮出所有底牌,显示自己很厉害,产生的效果就不如"后发制人"来得好了。能够让学生敬,能够让学生服,这教育就变得"四两拨千斤"了。

综上所述,在教育教学上,"假痴不癫"若用得好,会产生意想不到的效果。

第二十八计　上屋抽梯[①]

【原文】

假之以便,唆之使前,断其援应,陷之死地。遇毒,位不当也。

[①] 撰稿:平潭实验小学　郑声娟

【释义、运用】

上屋抽梯指的是故意露出破绽,并提供便利的条件,以此来引诱敌人深入我方包围圈,乘机切断他的后援和前应,最终陷敌人于死地。此计运用此理,是说敌人受我之唆,犹如贪食抢吃,只怪自己见利受骗,才陷入了死地。"上屋抽梯"借指与人密谈,也用以比喻怂恿人,使人上当。有的后进生因为跟不上其他学生,在上数学课时敷衍了事。一般教师的做法是提醒学生,"认真听老师讲课,别说话/别睡觉",如此,后进生势必心中不服,认为教师是以权威压人,就算后来听了课,也疏于接受新知识,且无法留下深刻印象。这一计在于先发掘学生的优点,夸奖学生,让其觉得自己只要努力就能提高成绩,使其得意扬扬、忘乎所以,自发树立学习提高目标,将学生架到高处后截断后路,从而激发后进生主动学习的动力。

【案例回放】

我班上有一名后进生,数学成绩一直不好,因此上课的时候也不愿意认真听讲,大多在找别人说话,或者是睡觉。刚开始的时候,我提醒过他几次,让其上课认真听讲,其坚持了几天又故态复萌。我对此感到十分苦恼。后来一次偶然的机会,我在书上看到"上屋抽梯"这一计,认为可以用于当前我所面对的后进生转化教育问题。

在一天上完课后,我主动和该学生交流,和他讨论他喜欢的事物,在他未察觉之际,一步步将其架到高处,然后撤掉了梯子。

(第一回合)我和学生说:"刚才我和你聊天的时候,我发现了你一个其他学生少有的优点!"学生吃惊地说:"真的吗,老师,你能告诉我是什么吗?"(学生的眼中流露出期待,他希望听到我对他的褒奖)。我说:"刚才听你说你玩游戏的经过,我发现你很认真,很要强,每次游戏都希望获得胜利。"学生摸了摸头,有些不好意思,但可以看出很高兴:"好像是有点,这也属于优点吗?我以为玩游戏是不好的。"我接着说:"游戏也可以表现出一个人的优点,因为这,我猜你在平时的学习和生活中一定也具备这样的一种精神,只不过你没充分地发挥它。"学生点了点头:"是的,其实我很想好好学习数学。"我又笑着说："我很少夸奖人，今天我夸奖你，是因为其他很多学生都没有你这种要强不服输的劲头。"学生的眼神表现出他的得意："谢谢老师！"

（第二回合）我决定加一把火："我听过一个故事，我觉得你要强的精神很像故事里的主人公。牛顿小时候，体弱多病，性格腼腆，学习成绩不佳。但他意志坚强，有不服输的劲头。据说，一次班上功课第一的'小霸王'欺负他，踢了他的肚子一脚。牛顿被迫鼓起勇气和他较量，并暗下决心一定要在功课上胜过'小霸王'。他告诫自己，'无论做什么事情，只要肯努力，就没有不成功的'。后来经过他的刻苦努力，其超过了'小霸王'，成为全班第一，后面成为伟大的科学家。我认为你像牛顿，做事情很要强，且十分有决心。"学生开始笑起来："哈哈……"我可以看出，此时该学生已有些飘飘然了。我乘胜追击："那我们探讨下，下决心的标准是怎样的呢？"学生毫不犹豫地说："不给自己留退路！"我道："太棒了，看来你不但有决心，思维也十分敏捷。我来问你一道题：'白兔有 8 只，灰兔的只数是白兔的两倍，请问灰兔有多少只？'"学生想了想，很快地回答出："有 16 只。"我说："你看，其实你在数学方面还是很有天赋的，那我们来约定下一次数学要考 80 分，你觉得你能做到吗？"学生原本对数学还有些抗拒的眼神变得坚定起来："我一定能做到！"我决定最后将梯子抽掉："那如果你没有做到呢，有什么惩罚？"学生没有犹豫："如果我没有考到 80 分以上，我就再也不玩游戏！"我看出对方中计了，为避免男孩反悔，和其约定如果数学考试没达标就 3 个月不能玩游戏，然后签字画押。

这之后，我可以看出这名后进生的学习劲头变得十分足，每次上课都认真听讲，下课还找我问问题。后来的考试中，他考到了 80 多分，相比于之前的不及格，可以说是进步飞速，于是我在班上以其为榜样大大地夸奖了一番，掀起了一股学习比赛的风潮。

【案例剖析】

古代战争中，想要让兵将向前冲，无非有两个方法。一种是退一步，血溅当场；一种是战胜了，大肆封赏。这两种方法都可以实现让士兵冲锋陷阵的目的，但区别在于"战胜了得奖赏"的方式更有利于激发士兵的战斗力。后进生教育转化也是一样。过去受到传统思维的影响，教师认为后进生是"差生"，只要该生上课不说话，不打扰其他学生就可以了，也不会主动关注其学习，时间一长，后进生就彻底丧失了学习热情。对于后进生，教师不应当放任自流，而是要多费些心思，将"上屋抽梯"这一计用到案例中的学生身上，表面上教师只是和学生聊聊天，但其实是在引导学生走入自己的谋划中。

教师在日常教学中，常会碰见一些学习较落后的学生，我们称之为后进生，他们就像老藤朽根一般，教师只要坚信"世无朽木不可雕"的思想，精心雕刻，运用教育艺术，终能使其从后进生变为"后劲生"。当然，在后进生教育过程中，想激发后进生积极努力，也有两种方法，与其将学生逼上去，不如将学生架上去。通过有效方法，将学生架到高处，让学生在更高的位置去思考问题、去要求自己、去锻炼能力，从而取得喜闻乐见的效果。后进生虽然成绩不好，但对于教师都有一种崇敬的心理，希望得到教师的认可。因此，教师从学生的闪光点入手给予夸奖，让学生觉得自己是有优点的，后面教师再一步步将学生架到高处，使学生飘飘然，不自觉间做出认真学习的承诺，这比逼迫的方式好得多。

后进生形成的原因包括多方面，有学生思想、意志、品质、态度上的问题，也有学校、班级管理状况、学风方面的问题，以及教师水平、品质、能力方面的问题；当然，家庭、社会环境等因素影响也不能忽视。站在教师教育教学方面来看，教师面对几十个性格、能力、知识基础有所差异的学生，在教学上施行"平均主义""一刀切"，会使一部分学生"吃不饱"，另一部分学生"吃不了"，因此很容易导致后进生的出现。对此，教师应当遵循因材施教原则，如上面案例一样，先发掘学生的优点，诚恳夸奖，增强学生自信心，然后通过讲故事的方式来引起学生共鸣，抓住契机切入学习主题，斩断学生后路，让学生自发地树立努力学习提高成绩的目标，循序渐进实现后进生转化。

陶行知研究会赏识教育研究所名誉所长周弘曾说过："把孩子看圆了，孩子就像打足了气的轮胎，一跃千里；把孩子看扁了，孩子就泄了气，无力跨步。"学生对自己的认识,最开始往往是通过周围的"重要他人",如家长、老师的反映来进行自我认识。如果教师对后进生说"你真笨",一开始他可能会反驳,但次数一多,他就会开始相信自己笨。三十六计的每一计都需要站在认可学生、鼓励学生的基础上来实践操作。在"上屋抽梯"一计实践案例中,我选择该后进生喜欢的游戏作为切入点,引起学生的兴趣,通过和学生的聊天了解到该生不服输、好强的优点,然后便不吝啬地给予鼓励,让后进生品尝到受赞许、表扬的欢乐,为后续的计谋操作打下基础。该学生被我一步步架到高处,树立起"我能行"的自我意识,之后我抽掉梯子,使其退无可退,他只能去发现自己、发展自己,激发学习积极性,因此后来才能实现突飞猛进的进步,从数学不及格到考上 80 分,并成为其他后进生的榜样。

第二十九计　树上开花[①]

【原文】

借局布势,力小势大;鸿渐于陆,其羽可以为仪也。

【释义、运用】

借别人的局面布成阵势,兵力弱小的看来阵容也显得强大。《易经·渐》卦说:鸿雁飞向大陆,全凭它的羽毛丰满助长气势。"树上开花"是指当自己的力量薄弱时,可以借别人的势力或某种因素,使自己看起来强大,以此虚张声势,慑服敌人。当有些学生各方面都落后于别人时,心中就会滋生一股抗拒学习的负能量,老师可借助各种各样的鼓励方式,来帮助他(她),激发他(她)的"士气",击退负能量,争取力争上游。

【案例回放】

小黄同学是一个后进生,一年级下学期的期末考,语文只考个位数,了

[①] 撰稿:平潭实验小学　郭朝花

解到这个情况，我真的不敢相信自己的耳朵，因为这个孩子活泼可爱，刚上课时总喜欢搭话，从外形看一点都看不出她是一个只会考个位数的小姑娘。但久而久之，她终于"原形毕露"了，她上课坐不住，喜欢做各种各样的小动作，时而啃手指，时而玩笔头，时而找同学说话，时而望着窗外发呆。不但如此，她上课一点都不积极，不愿意举手，更不懂得发言，叫她读词语也是支支吾吾，把词语读得支离破碎，她记性特别差，刚学的词语下一节课就忘得一干二净，每课的听写基本都是空白。她记性差再加上作业完成得不理想，每次考试不是乱做一通，就是一大片空白。每次看她的考卷我都十分心焦，不知道如何是好，她似乎并不在乎自己的成绩，每次考卷发下去，她看到自己的成绩一点都不惊讶，下课照样玩得不亦乐乎。

　　面对这样的孩子，我陷入了沉思，我觉得我该为孩子做点事情，在这个黄金学习期再不拉她一把，就再也补救不了了。于是我实施了第一步的"拯救计划"，那节语文课上，当我提问一个较为简单的问题时，孩子们都争先恐后地举手，还大声喊着："老师我来！老师我来！"可我却故意卖关子，我笑着对孩子们说："这道题很难，你们肯定答不上来，老师要把这个机会留给小黄同学。小黄，可以帮老师和同学们回答一下这道题吗？"我边说边走到她的身边，轻轻地摸着她的头，此刻的她却不知所措，紧张地啃着手指。于是我俯下身子小声地对她说："你好棒的，老师相信你一定可以。来，老师来帮你。"听了我的话，她把手指从嘴里拿出来，慢吞吞地站起来，于是我一手搭在她的身上，一手指着书上的重点段落提示她去找出问题的答案，她终于磕磕绊绊地说出了答案。因为不够流利，我又教她说了一遍，她竟也认真地学说了一遍。我大喜过望，马上拿出一张积极卡奖励给她，大声表扬道："你真聪明，老师真喜欢你！"此刻的她开心地笑了，脸笑成一朵花，我也似乎看到了她心中的那朵自信之花正"含苞欲放"，我暗暗地对自己说："我一定不能放弃她，要继续给予她爱的浇灌，静等花开！"我觉得光我爱她是远远不够的，于是我动用"群众的力量"来帮助她，每当她在朗读上有进步时，我就会请她当小老师，带着全班同学一起来读词语或读课文，虽然她读得还是稍有逊色，但我还是会极力表扬她，夸她声音响亮，或夸她某个句子读得很生动，适机暗示同学们来点赞，当全班同学竖起大拇指，真诚地夸她"棒棒你真棒！棒棒你最棒"时，我看见了她绽开了灿烂的笑容，同学的点赞似乎变成了无数花瓣向她飞来，她心醉了，心中的那朵自信之花似乎正徐徐地绽放。为了让"自信之花"愈开愈艳，我又紧锣密鼓做了一番布置，在课堂上我给她配了小老师，小老师成了她的同桌，只要她专心致志地上课、作业及时认真地完成，小老师就给她相应的积分卡，并帮助她讲解一些难题。在课余时间，我又帮她"开小灶"，每周放学后至少留两个下午帮她补缺补漏，每次她妈妈来接她时，我都会"大张旗鼓"地表扬她，示意妈妈回家后好好地奖励她。每当这个时候，她就咧开嘴笑了，笑得那么放松，那么自如，眼睛变得亮亮的，那眼神似乎在告诉我："老师我一定会努力的！"

功夫不负有心人，在一张张"积分卡"的"呼唤"中，在一声声"赞美声"的激励下，她的学习状态有了显著的变化，她不再吊儿郎当，开始专心致志地听课，当提问时，她也飞快地举起小手，嘴巴里也喊着："老师请我！"每当被请起来时，她就会立刻回答，答错了，叫其他同学帮她纠正，她也会认真地聆听，然后自觉地跟着纠正，每次被提问后她的笑容都灿烂无比，就像干好了一件大事那样开心！跟她妈妈的交流中，我了解到她在家里也有了一定的进步，写作业的速度变快了，而且也学会自己读题目，每次完成作业后都会主动给妈妈检查。她真的变得爱学习了，个位数考成了两位数，两位数也在向及格线"进军"。每当看见她绽开笑脸时，我的心里都会暖暖的，我相信她的明天一定更美好！

【案例剖析】

后进生之所以"后进"，摒除智商低下的客观原因之外，更多的是由于懒惰和缺乏自信造成的，案例中提到的小黄就是不够自信，她是个留级生，总觉得自己肯定很差才会又读一年级，因此她的潜意识里有一种"我是个差生，反正我都不会，我就不用听课，更不用回答老师的问题"这样悲观的想法，这种自卑感成了阻止她进步的"小坏蛋"，一直在告诉她"你很笨很差"，让她停滞不前，而老师的小奖励和同学们的小鼓励激发了她内心深处的"小自信"，让她似乎变得强大起来，于是乎一股力量油然而生击垮自身的不自信，让这个"天敌"知难而退。最终她初战告捷，尝到了小胜的甜头。小黄同学的转变让我陷入了沉思，其实每一个后进生都有一个"敌人"，这个敌人就是他（她）自己。要赶走这个"敌人"，需要老师和同学们的援助，借助老师和同学们的力量来为她（他）推波助澜，以此壮大她（他）的学习气势，把她（他）自身的"天敌"给吓跑，自然就会胜利在望！因此齐心协力拉后进生一把，真的至关重要！

第三十计　反客为主[①]

【原文】

乘隙插足，扼其主机，渐之进也。

【释义、运用】

有空子就要插脚进去，扼住他的主脑机关。《易经·渐》卦说：循序渐进就是这个意思。"反客为主"原意是主人不善于招待客人，反受客人的招待，即主人的地位反被客人所取代，比喻变被动为主动。故反客为主之局，第一步须争客位，第二步须乘隙，第三步须插足，第四步须握机，第五步乃成功。天下的事情，凡是行动盲目而急躁，就会走入邪途；凡是冷静而顺乎客观规律，就会登上正道，行而有功。而后进生转化，同样需要这样一个循序渐进的过程，才能水到渠成。

【案例回放】

新接了一个班。班上黄某东同学，瘦弱又胆小，苍白的脸上从未见过笑容，也从没见过他和同学一起三三两两离开教室。下课时，总是一个人趴在桌子上默默地画着什么，把自己封闭在一个小天地里。每次课堂提问到他，总要纠结好长时间才迫不得已站起来，颤抖着嘴唇说着连自己也听不清的话，

---

① 撰稿：平潭实验小学　林云钦

还不时揉搓着双手,头更是不敢抬起来。了解"对班",原来这孩子本来就弱不禁风,后来父母离异,更是自责自卑乃至自闭,觉得整个世界都是灰色的。

有次下课,我悄悄走到又在埋头画画的他身后,发现整张纸上画满了大大小小的兵器、军舰、战机,有的还标上型号。咦!这画上的内容跟他的表现可相差十万八千里。我拿出手机,轻轻地滑动图标,悄然拍下他的画。第二天,我选用他画的一艘军舰图像搜索,在淘宝买了一件胸前印着军舰的T恤。后来特地穿上T恤,下课时站在他面前,笑着对他说:"你能用三分钟时间简单画出老师T恤上的军舰吗?"他微微点了一下头,算是回应了我。果然,不到两分钟,军舰跃然纸上。

"你能在左上方写上'赠大林老师',右下方写上你的名字吗?"我得寸进尺。他端端正正写了,却不敢递给我。我自己动手小心翼翼撕下那张画,特地拿出笔记本郑重其事地把它夹在里面:"谢谢你送给老师的礼物,这军舰比老师T恤上的还要漂亮。"他腼腆一笑。

若干天后,教学《海滨小城》一课,文中出现"军舰"一词。我从笔记本中拿出那张画,投放在屏幕上,让孩子们认识军舰,还特地请两个同学来夸一夸这军舰。我发现黄某东抬起头来,眼中满是惊喜。紧接着,我投放出整张画面,露出了左上方和右下方的八个字,全班一片赞叹声。迎着他的目光,我一手指着"军舰"一词,一手指着他,请他起来拼读这个词。"军舰。"他颤颤巍巍地读着,声音小得可怜,而班上却出奇地安静,大家都在侧耳倾听。我知道,这种安静的环境会增加他的心理压力,于是邀请他的同桌起来和他齐读,他的声音就越来越响亮了。在掌声中,我请他坐下,暗自庆幸自己迈出了实质性的一步。

转眼间,迎来了新中国成立70周年大阅兵,我要求学生收看国庆典礼并写一篇日记。不承想,黄某东的日记居然写的是阅兵仪式上的先进武器装备,与其他同学的角度完全不同。在班上,我宣读了他的作文,表扬他选材角度独特,并拍下来发到班级微信群。这极大地树立了他的信心,腼腆的笑容洋溢在他的脸上。10月份,也是学校的科技节。我趁热打铁,要求他画一艘军舰,而后以此为模型,让科技小组的同学制作作品参赛。在师生的共同努力下,作品在学校科技节中斩获桂冠。许多同学对他刮目相看,他拥有了自己的粉丝。一次闲聊中，他告诉我长大想当一名军人，保家卫国。我的微信朋友里刚好有一个在深圳某部队当指导员的学生，这个学生经常在朋友圈分享他的军旅花絮。每次，我总是和他共飨。渐渐地，我终于走进他的心扉，占据"主"位。

【案例剖析】

"夫用兵之道，攻心为上，攻城为下；心战为上，兵战为下。"同样，理想的师生关系往往能增强师生在心灵上、情感上的融洽，促使师生产生相互感知、相互理解、相互信任和相互吸引的互动效应。这种效应一旦建立，学生就会从心底接纳老师，进而接受老师的教育、帮助和引导。这时老师的教育转化才能有的放矢，得心应手。

案例中的黄某东同学性格本就内向胆小，父母离异这一事件无疑让他雪上加霜，他由此变得更加自卑，以至于关闭自己的心门，整天郁郁寡欢，看不到一丝笑容。他排斥老师、同学，沉浸在自己的画画小天地里。长此以往，别说成绩，连他的身心健康都难以得到保障。这时，教师若贸然出击，不但无法打开他闭锁的心灵，甚至会弄巧成拙，僵化师生关系，于事无补。因为小学生的心理还不成熟，极其容易走向极端。教师深谙"反客为主"之道——循序渐进。她先把自己安于"客"位，观之以眼，察之以心，触摸学生情感的脉搏，伺机寻找恰当机会。当看到黄某东同学钟爱兵器后，决定以此为突破口，与学生套近乎，实则为拉近师生的距离，乘隙而入。接着，在课堂上巧搭平台，给学生以展示才能的机会，并借助其他学生的力量推波助澜，悄然插足学生的内心世界。再借助国庆和科技节这两个有利时机，大肆渲染该生的特长，让其他孩子对其刮目相看，进一步树立他的自信心。最后投其所好，时不时与他交流他喜欢的人和事，不断密切师生关系，不知不觉走进孩子的内心，由"客"变为"主"。

"反客为主"，搭建起师生之间心心相印的情感纽带，沿着它，教师就能把孩子带进一个丰富多彩的、充满阳光的世界，这就是教育成功的密钥。

第六组块：败战计·化险为夷

败战计属三十六计第六组块的谋略，该谋略是指在时局对自己极端不利的情况下，不能坐而待毙，要寻求或创造解脱困厄、转危为安、转败为胜的条件，把握有利的时机，适时地挽救自己的命运，保存自己的实力，避免不必要的牺牲。其意境可以从"变氛氵参为阳煦，化险阻为夷途"（唐·韩云卿《平蛮颂序》）得到理解。意思是说从险境中化成平安，亦即转危为安。本组块谋略用在教育转化后进生中，亦能获得奇效。其中"美人计""空城计""反间计""苦肉计""连环计""走为上"均为教育转化后进生，一时束手无策或暂时处于不利状态时所用的计谋。

第三十一计　美人计[①]

【原文】

兵强者，攻其将；将智者，伐其情。将弱兵颓，其势自萎。利用御寇，顺相保也。

【释义、运用】

兵力强大的，就要攻打他的将帅；先从思想意志上打败敌方的将帅，使其内部丧失战斗力，然后再行攻取。将帅明智的，就打击他的情绪。将帅斗志衰弱、部队士气消沉，他的气势必定自行萎缩。利用敌人内部的严重弱点

[①] 撰稿：平潭实验小学　伊观波

来控制敌人，可以有把握地保存自己的实力。"美人计"就是利用"美人"来引诱人上钩。通过在不同阶段对一些后进生妥善运用不同的"美人计"，从而达到激发后进生学习斗志，养成良好学习习惯的目的。

【案例回放】

接手四年 8 班的时候，我发现这个班的孩子大部分自主学习能力差，学习过于被动，对于学科学习积极性低，没有养成良好的学习习惯，缺乏学习斗志。部分机灵的学生，只是应付老师布置的简单作业，这部分学生养成了马虎的习惯，学习成绩中等。另外一部分学生反应较为缓慢，中规中矩且努力程度一般，成绩也属于中等。整体而言一个班的尖子生不多，整体成绩平平。他们很少在学习中获得一种满足，获得一种成功的体验。

在刚接触他们的时候，我并没有着急衔接教学，而是通过一种轻松的方式接触，在平时的课堂上，我以诙谐幽默为主，利用部分课堂时间带他们去操场玩一些游戏，从而让他们迅速地喜欢上我这个老师这个班主任，博取信任，给他们与众不同的轻松的体验。由于学生对老师的强烈喜爱，作为老师，我也是这阶段"美人计"中的主角。然后不断地从各个方面进一步地要求他们，他们对于提出的要求欣然接受。两三个月后，课堂中的学生绝大部分认真听讲，作业认真完成，书写规范也有了较好的习惯。

几个月后，我对于学生的性情有了基本了解，开始重新分四个小组，采用积分竞争模式，并运用"美人计"来激发他们的学习斗志。筛选组内成员是一个精细活，要从性格、成绩以及学习能力强中弱来均分。为了更好地运用"美人计"，特意将第一组分配成兵力强大组，这组学生整体成绩比其他三组强，属于脑袋瓜机灵却不会努力，没有进取心，安于现状，整组性格较为外向，组长何伟梁，没有多少领袖能力，但是学习习惯最好，与其他组员相差很大。第二组则分配成兵力最弱的一组，这组学生的成绩比其他三组都偏弱，较为中规中矩，但有比较好的学习习惯，有较大的潜力，女生偏多，整组较为内向沉默，士气也是最消沉的，不过组长周恩希是个很稳的超级学霸，具有很好的榜样作用。第三组和第四组都是成绩接近，强中弱分配较为均衡，其中第三组的学生中有很多发言积极的同学，但是整体比较自我，属于一组成员很难一条心，各干各的，组长林志翔也是身兼班长，工作认真一丝不苟，领导能力较强。第四组组长高圣涵，积极进取，好胜心强，会鼓舞组员，同时，我将班上特别积极、特别好胜的几个同学放在这一组，比如丁正、陈越、子黎，同时把几个特别懒散的后进生分配在这一组。目的是让这几个积极的同学监督他们，并激励他们。小组的积分包括课堂发言、语数英三科作业完成情况、语文和英语的听写默写、单元小测、六项评比中的分数。最大的分数主要是靠努力完成的那些听写默写和小测。每周获得积分第一的小组，周末可以减免作业，其他三组的作业明显较多。减免作业，这是他们渴望得到的"美人"。

在最初的时候，第一组是有明显的优势，因为他们整体成绩较好，也不需要多大的努力，就可以获得积分第一。这个时候他们的习惯依旧没有多大改变，继续吃老本。由于第二组的习惯是四组里面最好的，这时候他们激发起斗志，所有学员一起努力，过了两三周之后，第二组的成绩就开始突飞猛进，挤到第一。第三组，由于人心不齐，不够团结，成绩也一直只居于第二或第三。第四组虽然将帅之才特别多，但是后面的几个后进生不容易改变，行为习惯依旧极差，不爱学也不认真完成作业，所以整组被拖后腿，一直保持在第三或第四。一个多月后，第二组就开始常居第一，这也是我最想要看到的。第二组的女生偏多，其行为习惯又良好，学习稳扎稳打，即使周末或者小假期减免作业，那些作业他们没有完成，学习影响也极小。其他三组同学要想超越，必须开始不断地改变。第一组的同学，慢慢地开始整体力争上游，努力地完成好作业。第三组开始团结一致，不断地克服自我等一些不足，组内开始和谐。第四组中积极的同学不断地鼓励，并且辅助后进的同学提升他们的成绩，从而拉升整组成绩。将近两个月之后，四组形成了每周积分不分上下的争霸赛。后面"美人计"中的美人，不仅仅是减免作业，更多的是努力过后的满足、自豪、胜利感！五年级一年过后，基本养成全班自觉且认真完成作业、上课积极发言、不气馁不放弃力争上游的精神面貌。六年级开始便采用四组强中弱分配小组，继续积分竞争模式。

【案例分析】

现在的孩子很多事情都被大人包办，在家养尊处优，没有什么危机感，也缺少学习的上进心，不把学习当回事。在家中养成了一些不良的学习习惯，以及在低年级的时候没有重视学习。他们缺少在学习中获得满足感的体验，也缺少竞争意识。在学校的学习没能提起兴趣，自然对于学习就容易处于应付的状态。在高段的学生中已经养成了很难改掉的一些坏习惯，单独地进行纠正，教师的精力是有限的，而且效果不够理想。如果能够在一个团体中让他们进行一种互相的改正、互相的取长补短，利用团体的力量来解决，是最佳的解决方式。不同阶段运用不同的"美人计"正好可以有效地解决这一困扰。让那些原本不够认真却机灵的同学，养成认真学习的态度。让那些中规中矩的同学努力上进，获得成就感。让那些不团结又自我的同学，学会团结一心。让后进生通过组员的不断鼓励和自己的努力提升成绩，获得一种满足感，获得学习上的自信、人格上的自信。让全班的同学都凝聚一心，学会帮助他人，学会鼓励自己，学会顽强奋斗。慢慢地，全班的语数英三科成绩居年级前茅，"美人计"的良好运用是其中的关键。

第三十二计　空城计[①]

【原文】

虚者虚之，疑中生疑。刚柔之际，奇而复奇。

【释义、运用】

空虚的就让它空虚，使人更加难以揣测；在进攻和防御中运用空虚的战术来隐蔽自己的空虚，越发显得用兵出奇。"空城计"比喻在危急情况下，掩饰空虚，骗过对方。通过对一些犯错的孩子实施"空城计"，达到自己认错的目的，更有针对性地对孩子实施教育，从而达到教育目的，使孩子快乐成长。

[①] 撰稿：平潭实验小学　念彩玲

【案例回放】

那天第二节上课前，我刚走到教室门口，就有同学报告：A同学哭了。我朝那个角落看去，A同学正趴在桌子上抽噎着……一向与人为善的她今天怎么了？在我的追问下，她说是做操回来后发现抽屉里的钱包不见了，那里面装着她辛辛苦苦攒的68积分。我随即问班上的同学是否看见她的钱包或者看见谁曾故意靠近她的位置，嫌疑最大，同学们都说没有。我便更改课程上起了品德课，向孩子们讲述了身边的故事：我的一个亲戚小时候偷东西，父母没有及时纠正，长大以后不务正业，偷盗成性，十几年前，因一次偷盗被发现，进了监狱被关了足足十五年，直到前几年才放出来，这样，他的家毁了，前程也毁了。现在你拿了别人的东西，不承认不改正，以后就没有朋友了……接着，我让同学们睁大眼睛看着我，我认真地和每一个同学交换眼神，每双眼神都是那么坚定，面不改色，看不出心虚。这钱包怎么就不翼而飞了？当了二十多年的班主任，难道要被这案子难倒？我心虚了，哎，只得缓缓了，但我故弄玄虚，对全班同学说：我有读心术，刚才看了你们的眼神，谁拿走积分包，我已心中有数。不过，我不想点名，我期待着这个同学课后来找我认错，只要主动来找我承认错误，我会原谅你的。同学们如果有发现也可以检举。在双重压力下，我相信这个"小偷"不得不现身。于是，我便坐等那个身影的出现。第二节下课了，没有，第三节下课了，依然没有，下午第三节课后，还是没有。更没有同学来检举。看来，这同学的"心理素质"太过硬了，我的"读心术"不攻自破，我低估这熊孩子了。

第二天早上一到教室，我就在班上宣布："昨天已经有同学来检举，我已经知道是谁拿走了积分包了。为了不冤枉好人，我昨天下午向学校申请启用班级摄像回放，我找到这个同学了。"同学们一听，立马睁大眼睛，寻找班级摄像头，我灵机一动，便说："这是隐形摄像头，你们看不见的。不过，我还是希望这个同学能主动来认错，我愿意给他主动认错改正的机会。"说完，我又再次和每一个同学交换眼神，便继续上我的语文课。

放学了，办公室门口终于出现了小小的身影——B同学，她来到我身边，流着泪，一副后悔莫及的样子，她把装有积分的小钱包交给了我，并向我承认了错误,保证以后不会再犯这样的错了。为了摧垮她的"心理防线",拉近和她的距离,我把自己也拉下水,我告诉她,"金无足赤,人无完人",我小时候走在路上发现田里的花生露出来,就去摘别人的花生,当场被发现,真丢人,又担心伙伴们知道了不和我一起玩,后来再也不随便拿别人的东西了。她听得特别认真。之后,我语重心长地对她说:"我希望你也能像老师一样知错改错,并保证这是我们之间的'秘密',我愿意给你机会,不告诉班上的同学,不过,以后不许再犯同样的错误。很希望得到积分,说明你是上进的孩子,但要通过自己的努力得到,这样才有意义……"孩子感激地看着我,使劲地点头。从那以后,她一改从前课上做小动作的不良习惯,课堂上,便多了一双会说话的眼睛。

【案例剖析】

班级问题无小事,防微杜渐是身为班主任必须坚守的原则。印度诗人泰戈尔说过:不是锤的打击,乃是水的载歌载舞,使鹅卵石臻于完美。而学生就是那一颗颗青涩的鹅卵石,老师要为他们的完美不时冲刷。身为班主任的我,必须站在"育人"的制高点,把问题消灭在萌芽状态。B同学犯错了,可是,没有同学发现,没有证据,作为审案人的我,当时也毫无头绪,但我必须掩饰自己的茫然,故作镇定,装出一副成竹在胸的样子。我抓住孩子的心理特点,通过列举身边的反面"偷盗入狱"的故事,对孩子们进行心灵上的洗礼,上演了"空城计"。通过和每个同学确认眼神的"读心术",这样故弄玄虚、虚张声势,此时,孩子也许认识到自己的错误,开始为自己的错误行为感到后悔,甚至感到了耻辱,但碍于面子,是否承认错误,心中仍在纠结,于是,我便给她自己思考的时间。一天过去了,始终没有人站出来。我感到这个案子有些棘手,于是,又再次上演了"空城计",告诉同学们班上有隐形摄像头,已向校长申请回看当天早上摄像,我已经知道了真相,等着这个同学前来认错。在两出"空城计"的作用下,孩子在矛盾中对自己的行为进行分析,最后作出决定,达到孩子自己认错的目的。教育家陈鹤琴说过:我们教育小孩子必须先要了解孩子的心理。若能依据孩子的心理而施行教育,那教育必有良好的效果。"浇树要浇根,育人要育心。"确实如此,中年级的孩子可塑性强，也具备一定的分析能力，我便编了一个自己身上的故事，小时候因为偷东西而担惊受怕，希望她也和老师一样迷途知返，能知错改错，老师愿意为她保守秘密，这样，维护了孩子的自尊心，也更有针对性地对孩子实施教育，从而达到认错改错的教育目的。在老师的宽容和关爱中，孩子快乐成长。

第三十三计　反间计[①]

【原文】

疑中之疑。比之自内，不自失也。

【释义、运用】

在疑阵中再布置一层疑阵。《易经·比》卦说：来自敌方内部的援助，自己不会受到损失。大意是说：在疑阵中再布疑阵，使敌内部自生矛盾，我方就可万无一失。说得更通俗一些，就是巧妙地利用敌人的间谍反过来为我所用。在战争中，双方使用间谍是十分常见的，特别强调间谍的作用，认为将帅打仗必须事先了解敌方的情况，要准确掌握敌方的情况，不可靠鬼神，不可靠经验，十分注重"必取于人，知敌之情者也"。这里的"人"，就是间谍。在后进生教育转化过程中，适当用些"反间计"，"以假乱真"，让犯错的孩子信以为真，作出错误的判断，从而主动承认错误，但要注意采用"反间计"的关键是"以假乱真"，造假要造得巧妙，造得逼真，才能使孩子信以为真，采取错误的行动，掉入陷阱，出错，出丑，再通过正面教育，晓之以理，动之以情，达到教育孩子的目的。

【案例回放】

我班有一支篮球队，队员们素质不错，多数孩子学习较好，球也打得好。

[①] 撰稿：平潭实验小学　陈华琴

只有小蔡同学学习方面不理想，而且脾气也不够好。

一日，三个球友约好午间到校打球，来到球场时发现有一中年级同学打得正欢。小薛同学就对那名同学说："这是我们篮球队训练的地方，你到上面那个球架打吧。"没想到那同学也不是省油的灯，他白眼一翻，瞪眼对小薛同学说："你篮球队了不起啦？凭什么让你打，就凭你大？"说完还推了小薛一下。站在一旁放置书包的小蔡一听就火了，他两步就冲到小同学面前，直接抢了他的球，冲他吼道："小屁孩还这么嚣张，看我不治治你！"他一把把小同学推翻在地，然后把小同学的球往远处扔去。小同学边哭边跑去捡球，他们顺势占领了场地。直到小同学的班主任找上门，我才发现他们又惹祸了。

我找到他们了解事情的经过。这三个人均告诉我是小同学的错。我了解小蔡和小薛两个是铁杆子兄弟，他俩从幼儿园到小学六年级，有八年多深厚的"革命友谊"。平时小蔡老犯错，小薛经常帮他解决问题，有时甚至为他背锅，所以我对小薛的话是不相信的。但奇怪的是小林同学，他是一个非常诚实的孩子，怎么说的口径与小薛、小蔡一样：是小同学自己打球不小心摔的，这一摔，把球摔飞了！俗话说：三人成虎。这三人说得都一样，唯独小同学另一种说辞。难道我冤枉了他们？况且我了解到这个小同学在班上也是个捣蛋鬼。当时又无旁观者佐证，孰是孰非，一时案情陷入僵局。

几次询问三人，答案都一样。越是完美，越有问题。我思索：这三个孩子挺团结的，肯定想以众欺寡，来个死不认账！我决定另找策略，听那小同学说是小蔡动的手，我决定从他的铁哥们小薛入手，离间他俩，借此进行教育。我找到小薛，先表扬了他："今天你对小同学很有礼貌，有商有量，有大哥哥风范。"他听了有点蒙，眨巴了好几下眼睛，我从他的神态就知道绝不是那么简单，然后我停了一下，故意拉长声音："在你之前，我也找了小林同学，他也向我承认了！今天你觉得哪里做得不够好？"他听后就急漏嘴了："不是，不是说好了吗？""说好了一起隐瞒小蔡的做法？你觉得这是帮你兄弟？他有错不帮他改，还纵容包庇？"我不疾不徐地回答。小薛一听愣住了，说："我有说他这样做不行。"我没接他话茬，又问："互相包庇是谁出的主意？"他挠了下头，承认是自己出的，原因是怕背上欺负小同学恶名，更怕因为这事被老师禁球。接着我又找了小蔡同学，小蔡看到耷拉着脑袋的小薛，顿时明白自己被出卖了，也只好一五一十地把事情的经过告诉了我，承认了自己的错误。我抓住这个契机对他们进行教育，让他们明白真正的忠肝义胆是什么，为他们区分了包庇与义气。孩子诚心接受，收到良好的教育效果。

【案例剖析】

小蔡从小在妈妈办的幼儿园生活，幼儿园的阿姨们都比较照顾他，从小就养成一种比较骄纵任性的性格，做事好冲动，经常凭着自己的喜好来，但心地不坏，比较单纯。而小薛父亲很讲江湖义气，整天喜欢与他人称兄道弟，耳濡目染的小薛也被父亲影响了。他觉得所谓的兄弟就是"有福同享，有难同当"，所以经常与小蔡一起，做了错事相互包庇，甚至死不承认。长此下去，形成不良的生活、处理问题的方式，影响正确的人生观与价值观。善用"反间计"，适当离间二人之间的信任度，造成错误的判断，再给他们充分的思考时间，让他们明白真正的铁杆兄弟不是没有自己的立场，在"是"面前要勇敢拥护，在"非"面前要坚决反对。只懂得一味迎合别人不是忠肝义胆，而是盲目愚忠。

通过这样的教育，可让孩子形成正确的人生观、价值观。特别是在青少年时期，许多孩子迷信所谓的江湖义气，不惜与同伴一起干违法犯罪的事，沉迷其中，没有自知之明，需要正面教育，纠正错误的思想道德观念。其实在孩子心智未成熟之前，很多友谊是属于"塑料花"形的。如果是不良的伙伴，利用"反间计"离间他们的友谊，这未尝不是件好事！

第三十四计　苦肉计[①]

【原文】

人不自害，受害必真。假真真假，间以得行。童蒙之吉，顺以巽也。

---

① 撰稿：平潭实验小学　薛枫

【释义、运用】

（正常情况下）人不会自我伤害，若他受害必然是真情；（利用这种常理）我则以假作真，以真作假，那么离间计也可实行。这样就如同蒙骗幼童一样，蒙骗敌方，使他们为我方操纵。这是吉祥之兆。"苦肉计"指故意毁伤身体以骗取对方信任，从而进行反间的计谋。通过对孩子运用一些善意的"苦肉计"，从而达到预先设定的目标。

【案例回放】

那年，我带的是一年级。一年级的小朋友天真烂漫，可爱单纯，但自制力差，不能很好地遵守小学生的课堂纪律。虽然多次强调，但收效甚微，特别是有几个年龄较小的行为后进生，就更是让我头痛。

星期一上午第一节数学课，孩子们准备就绪，我正要开始上新课，瞥见第四组第一桌的梓煦桌面上空空如也，他低着头，两手在抽屉里忙着，嘴里还嘟囔着什么。我悄悄地走过去，看见他两手伸进抽屉里正玩着妈妈刚买的橡皮擦，嘴里还小声模仿着火车的鸣笛声：呜呜……我问："梓煦，你在干什么？"他抬头看了我一眼，停下了手里的动作，低下头不说话。同桌的锦州连忙"告状"说："他在玩，您昨天要我们带的牙膏盒子、积木，他都没有带。"（今天要上的新课内容是认识立体图形）我问他："是这样吗？"他还是不说话。我又问："为什么？"他依然沉默。我想了想，说："现在先上课，你先和锦州一起用，下课了到老师办公室来。"说完，我示意锦州把带来的积木借给梓煦一起用，然后准备转身走向讲台开始上课。刚转身，只听见身后哗啦一声响，我急忙回头，只见积木撒落一地，锦州愣住了，接着眼泪在眼眶里打转，她一边用手抹着眼泪，一边委屈地说："梓煦把我的积木扔掉了。"而一旁的梓煦则气鼓鼓地握着小拳头，一句话也不说，埋头伏在桌子上。这还了得，无法无天了！我厉声喝道："梓煦，你干什么？向锦州道歉！"可是这家伙像没有听见一样，依然伏在桌子上，不理不睬。教室里安静极了，其他的孩子起先都愣住了，接着开始窃窃私语……怎么办？继续和他闹下去，这节课不用上了，不但教学进度赶不上，而且浪费了大家的时间，况且当着这么多孩子的面处理也不是好时机，万一他要性子继续不理不睬，难道就这么僵持着？不如先把这节课上完，下课后再来处理这事。可现在这情形，我该怎么下台呢？有了，不如……想到这里，我突然哎哟一声，皱起眉头，左手捂着肚子，右手撑着桌面，弱弱地靠着墙，小声说："孩子们，老师身体不舒服，你们自己看会儿书。""老师，您怎么啦？""老师，您快坐下。""老师，您要不要吃点药？"孩子们七嘴八舌地关心着。我摆了摆手，说："老师一生气就会不舒服，休息一会儿。""梓煜，都是你！""梓煜，你把老师气病了！"善良的孩子们纷纷指责梓煜。听到周围的这一切，伏在桌面上的梓煜抬起头，惊慌失措地看着我，小声地嗫嚅："薛老师，您……您不要生气了，我……我……错了，您赶快好起来。"我看了他一眼，问："你还生气吗？"他低下头，不吭声。我又问："能好好上课吗？"他还是不说话，但认真地点点头。我又假装休息了几分钟，然后开始上课。这一节课，全班孩子都格外认真。

下课了，我把梓煜带到办公室了解情况。原来，昨天晚上妈妈帮他准备了学具，并装进了书包，可是今天上课他找不到了，又被新买的外形新奇的橡皮吸引了，于是就忘了找学具玩起了橡皮。同桌说他没有带学具，他觉得被冤枉了，所以把同桌的积木扔了。我批评教育了他，并要他向同桌道歉。他也保证以后上课一定认真听讲，尽量克制不玩东西。

第二天，我对全班孩子说："只要大家每一节课都安安静静地认真听讲，不惹老师生气，老师的病就好了。看谁是最爱薛老师的好孩子！"听了我的话，孩子们坐得越发端正了，特别是那几个调皮捣蛋鬼也都用实际行动表明自己是最爱老师的好孩子。以后的每一节课里，我都提醒孩子们要说话算数，而孩子们也慢慢地越来越遵守课堂纪律了。

【案例剖析】

对于刚入学一个多星期的小朋友，当然够不着人们常说的后进生，但一些孩子确实具备了后进生的某些特征。他们刚从玩耍嬉戏唱唱跳跳的幼儿园生活过渡到小学生活，因年龄特点的关系，其心理生理的发展都很稚嫩，孩子们的纪律意识非常薄弱，他们总是容易忽视循规蹈矩的小学校园制度，尤其一些"个性突出，强调自我"的孩子经常遗忘课堂常规，情绪使然地制造出一些令人哭笑不得的突发小事件。正如大教育家洛克说的："儿童不是用规则可以教得好的，规则总是会被他们忘掉的。……习惯一旦培养成功之后，便用不着借助记忆，很容易地自然地就能发生作用了。"上述名言前一句的寥寥几字精辟地总结阐述了这一年龄段孩子的心理特点，而后句中的"习惯"二字对教育的实施提供了具体的训练方法。众所周知，低年级是学习习惯养成的重要时期，既然如此，还有什么事情比引导孩子们养成认真听课的习惯更重要呢？我灵机一动，利用梓煦单纯率直的天性，扮演"病号"，博取同情心，利用认同感逼迫其自我改正，于无声处引领梓煦走出情绪低谷，将他和其他同学的注意力锁定在课堂之上。教育需要老师的机智，课堂调控更需要老师的智慧，"苦肉计"以四两拨千斤般的力量化解了教学中的突发矛盾，既保证了教学任务的顺利完成，又帮助孩子习得认真听课的好习惯。这种力量不正是师生之间、生生之间的爱吗？"爱满天下"是大教育家陶行知的教育箴言。能运用各种计谋，并成功地让它绽放出预想中的教育效果，一切的基石不正是爱吗？爱为我们的教育事业保驾护航：有了爱，我们的教育之舟不会偏离方向，孩子的成长之路不再畏惧。用爱一路浇灌，一路托举，直至走向成功的彼岸，这是一件令人幸福的事！

第三十五计　连环计[①]

【原文】

将多兵众，不可以敌，使其自累，以杀其势。在师中吉，承天宠也。

【释义、运用】

敌方兵力强大，不能硬打，应当运用谋略，使其自相牵制，借以削弱他的力量。《易经·师》卦说：将帅指挥不偏不倚，惯打胜仗的就是用兵如神。

---

① 撰稿：平潭实验小学　高钊婷

连环计是指将数个计谋，好像环与环一个接一个地相连起来施行。假如连环计中其中一计不成功，对于整套策略的影响很是深远，甚至会以失败告终。

在后进生转化中学生的表现总会出现反复，我们运用此计，则可环环相扣，前后关联。一计不成，又出多计，在情况变化时，相应再出计，这样就会让后进生的转化效果得到落实与巩固。

【案例回放】

智超是我从一年级一直带到六年级的后进生，我用了很多方法，采用了"连环计"，收到良好的成效。

"善用期待"

智超从小学一年级开始，就有一个天生的学习缺陷：记不住字。无论他抄写默写了多少遍，最后还是会写出错别字。但这个孩子的家长一直没有放弃，一直鼓励孩子多阅读，因此孩子的阅读水平跟优秀的孩子比并不会逊色很多，甚至有时在家长的指导下，写出的习作，内容也相当精彩。但由于通篇都是错别字，为此，家长渐渐失去耐心，智超也对写作越来越不感兴趣了。

作为一名教师，我要做的就是发现后进生的闪光点，激发他们的自信心。学习好的学生在学习中屡获成功，学习信心十足，学习兴趣浓厚，而学习差的学生在学习中"屡战屡败"，逐渐对自己失去了信心，也没有了学习的兴趣。因此，对于后进生，教师首先要帮助他们克服自卑心理，培养他们的自信心。

为了保住智超的写作热情，我便鼓励他："用写的，你虽然容易出现错别字，但是你的文章很有创意，写好了，就发给老师帮你打字，那不就没有错别字了吗？而且你身为小组的组长，要成为大家的榜样，让其他同学学学你是怎样克服困难的吧。好的作品，老师就可以选登到咱们班的报纸上去，加油投稿哦！"这个方法对于智超来说，简直是量身定造的，在后来的作品收集中，他果然完成得最多。

"一视同仁"

转眼到了五年级，智超的作文创意更有了质的飞跃，但错别字依然很多，靠老师给他打字、家长给他打字、自己打字终归不是好办法。于是，我想出了"一视同仁"的办法。我在平时教学常规中，总是鼓励孩子们通过学习小组的方式，进行主动学习和创新学习。开学初，根据班级孩子的不同写作水平，我指导他们分成几个文学编辑部，如散文组、诗歌组、科幻故事组，并协助他们将每个月中小组的最佳创编作品编成一份小报。这项活动我并没有只给学习成绩好的孩子完成，而是一视同仁地对待每一个孩子，让每个孩子都参与到这项活动中来。智超平时就非常不自信。有一次，他提交的作文，居然只有10个错别字，并且创意巧妙，语句通顺，我便任命他为其中一个编辑部的组长。听到我宣布组长名单，他的脸上露出了惊讶的表情。

第二天，他拿着本子到我办公室对我说："老师，我为了克服写错别字的坏毛病，每次作文时都自己写一遍，然后自己打字再核对一遍，错别字都记在这个本子里，您看！"接着又说，"每个错别字都天天练写10遍，直到写正确为止。"我十分赞许地对他点点头："好！老师相信你行！加油！"

"持之以恒"

虽然我经常激励智超，使他对写作一直保持热情，但是在日常的学习中，他还是很难坚持不懈，因为每次一考试，成绩实在不理想，他太受打击了。眼看着孩子的情绪越来越低落，我也心疼得很。

半期考后的一天，我偶然发现智超会在课间用家长找来的课外试卷自己练习，旁边还有一两个同学在一起讨论答题方法。我脑中灵光一闪。于是，我便在全班同学面前大大地表扬了智超，夸他是个努力不放弃的孩子，并在班上找了几个与他学习水平相近的孩子成立了一个学习小组，让他当学习小组的组长。从来没有当过班干部的智超一下子愣住了，脸上呈现出从未有过的兴奋。从那天开始，每周一、三、五下午放学后，这个学习小组的孩子都会在智超的号召下，留在班上学习与讨论。有时我下班迟，经过教室，看到这几个孩子小脑袋摇来晃去，跟着智超背诵课文的模样，着实欣慰。再看看智超，也像变了个人似的，课堂上背挺直了，会参与讨论了，有时回答得还很独到精彩呢。笑容与自信在这个孩子的脸上漾起，学习的快乐被他发现了，他终于成了自己学习的主人了。

期末考，智超的成绩一下子从不及格上升到良。他的喜悦与满足洋溢着全身，小脑袋仰着，像朵绽开的向日葵。全班同学也忍不住热烈地为他鼓掌。看着孩子们为智超而高兴，我想，他们也一定比以往更明白了"努力"的意义。

【案例剖析】

后进生尤其需要得到老师的信任、关心、肯定和鼓励。他们对自己的判断力不够，老师的评价对他们有极大的影响，他们需要在老师的期待、帮助下，消除灰色心理的阴影。后进生在某一方面被老师肯定，哪怕是些许暗示，都能刺激到这些学生重拾信心。所以教师在转化后进生的过程中，就是要想尽各种方法，使用多种策略，帮助他们消除学习的疑惑，树立自信。而自信正是一个人成长的阶梯，它可以调动潜能，让人保持最佳的状态。"鼓励犹如阳光"，获得教师的鼓励和肯定是学生的心理需要，这种需要一旦满足，便会成为一种积极向上的原动力，多种潜能和情感便会激发出来。教师应学会对后进生多观察、多鼓励、多赞美，手执爱心的金钥匙，去打开学生的心灵之门。

总之，转化后进生的教育工作是一项长期、复杂、艰巨的教育系统工程。转化后进生要抱着满腔热忱，遵循因材施教的原则，需要教师在工作中多一分宽容，少一分责备，把爱的甘露洒进每一个后进生的心田，进行反复、耐心的教育；还需要学校、家庭和社会的密切配合，共同形成一体化的教育网络，才能获得良好的教育效果。不论是后进生，还是其他学生，作为老师，我们所应该做的就是不放弃，这样才能实现让孩子明白学习意义的教育初衷。让我们和孩子一起努力吧！

第三十六计　走为上[①]

【原文】

全师避敌。左次无咎，未失常也。

【释义、运用】

全军退却，避开强敌，以退为进，灵机破敌，这是不违背正常的法则的。当敌军已占优势，而我军不能取胜时，为避免与敌人决战，有以下三条出路：投降，讲和，撤退。三者相比，投降是输掉整场战争，讲和是输一半，但撤退就不一定了，甚至有可能转败为胜。撤退的目的就是为了避免与敌人主力决战，而且己方主动撤军，敌人就会被动追击，这就相当于化被动为主动，牵着敌人的鼻子走。走为上：看准局势，巧妙脱身。原指无力抵抗敌人，以逃走为上策。之所以要走，是因为形势对自己不利，为了避免有更大的损失或危害，处于劣势的一方用此计策，除了为躲避灾难，还带有东山再起的意味，不是一味地逃跑。事情已经到了无可奈何的地步，没有别的好办法，只能出走（离开）。现多用于生活中、工作中、社交中，做事时如果形势不利没有成功的希望时，敌强我弱时，就选择暂时退却，重新再来，或另谋他法的心态。"走为上"比喻没有更好的办法，陷于困境或胶着不下时，以离开回避为最好的策略。通过对一些孩子运用"走为上"计，让孩子知道老师在关注、提醒他，且做到尊重孩子，不伤害孩子的自尊心，从而激发孩子学习积极性，促成孩子形成敢于尝试、勇于探究的良好学习习惯。

【案例回放】

"老师，她上其他课也是这样子的，老师叫她做什么都没反应，不会张嘴

[①] 撰稿：平潭实验小学　李燕

说，只会待着不动。"班级同学说道，并似乎习惯了她的凡事"无反应"状态。听到同学们对她的这些反馈，我心里一打紧：这是一个怎样特殊的孩子呀？越是这样，越是激起我要挑战"改造"她的决心。

从那一次的体育课堂跳绳练习开始，我就特别关注这个叫薛颖的孩子了，并坚信一定可以把她成功"变形"。这节跳绳课中，同学们正按老师的要求时而进行单独练习，时而两个一组面对面轮流练习，或几个一小组围圈练习，练习场面活跃而有趣。在巡回检查指导纠错的过程，发现同学们正练得投入，可薛颖却原地站着不动，见老师朝她这边走来，更是怯怯地低着头。"薛颖，你试着跳两下（绳子）给老师看看，给老师看看你跳的动作。"我轻轻地试探着问了一句，果然，如同学们描述的那样，老师的提示似乎对她没什么作用，她依然低着头一动不动地站着，眼神有意避开老师。"没关系，跳得怎么样都没事，只要动起来就可以了，慢慢努力就会进步，哪怕现在是从零开始……"面对这特殊的孩子，我放宽了对动作的要求，试图通过再次鼓励让她有所反应，但好像一切都是徒劳的。虽然看到她无动于衷，但通过仔细观察，还是可以从她细微的肢体动作和眼神中，察觉到她似乎也很想参与到同学们热闹的练习中去。捕捉到这个信息后，我又从一旁的同学那儿进一步了解到：课余时间她一个人的时候是会练习的，但是跳得不好……顿时，胆小、内向、不自信、不喜欢被关注、周围环境等在我头脑里闪现，莫不是这些原因在作祟。为了让薛颖动起来，消除她的不自信，又为了不顾小失大，冷落了大部分孩子，结合以上种种，我及时对练习方法进行了调整，采用难度系数小的游戏式跳绳练习法，以游戏"看谁战胜自己"来进行徒手模拟跳绳练习。"下面，我们一起来完成一组徒手跳绳挑战游戏，同学们可以边跳边喊口令，跟着节拍完成'一拍一摇一跳'即为挑战成功……"在改变练习方法的同时，我往离薛颖较远的地方走去，故意离她远远的，避免过度关注给她造成压力，让她感觉同学和老师的关注点都不在自己身上了。这时，薛颖终于鼓足勇气动了起来，"一摇一跳"，虽然动作不是那么协调，但努力克服困难的样子很认真。"只要和自己比有进步的同学都是棒棒哒，老师都要给赞。"在远处，我不时关注她的练习动态，不断地大声鼓励，给她加油鼓劲，让好不容易动起来的薛颖多点信心，克服心理障碍，勇于直面困难，挑战自我。

【案例剖析】

现在的孩子大多为独生子女，多数大人对小孩百依百顺，孩子以自我为中心的意识重，自尊心比较强，爱面子，受挫能力差，爱攀比，大人也不以为意，视而不见，日积月累给孩子形成不良的心理暗示。到了学校，这些习惯带到学校来，一旦遇到自己没把握的事情，就选择逃避或不敢面对。针对这些现象，老师确实需要"斗智斗勇"。此计中的"走"采用字意为：走路，步行（移动、挪动），离去。"走为上"计运用到案例中的这类孩子身上，对于课堂中一些怕成为焦点、自信心不足、胆小、不愿意尝试、怕失败及运动能力较弱的孩子，过度的关注反而会给他们造成压力，起不了明显的作用。这时，老师要寻找适合的练习方法，让学生体验挑战成功的快感及成功后带来的自信心，同时，为了减少关注给他们带来的不安，老师在可视的范围内适当地离开，此时老师的离开不是真正的撒手不管，而是换个方式，放手给学生一个相对"自由"发挥的空间，让她（他）有一个勇于挑战自我、无畏失败、大胆尝试、体验成功的机会。此时，老师在远处不刻意的语言激励可能效果会更好。相信鼓起勇气的薛颖同学一定在想：老师不在身边，我跳得好不好都没关系，同学们都练得那么起劲，我也想要动起来，徒手跳（绳）我也会，挑战应该能成功。针对不同孩子，运用"走为上"计，适当地选择离开，转移其注意力，达到由传统说教所不能替代的效果，扭转了不利形势，完成了最初的良好设想，促使学生学习信心的达成。一节课，能让一个孩子哪怕有一点点进步，跨越自己以前所不能跨过的高度，也是值得肯定的。看到薛颖在课堂上动起来的那一刻，还是让人挺欣慰的。逃跑，躲避困难，看上去是一个无计可施的结果，其实给了他（她）一个重新开始的机会……

编后语

"持续教育，系统管理"系笔者教育转化后进生的理念，历经运作系统初建、健全、重构、完善四阶段的推进，数度的经验积累与策略的提炼，愈加彰显理念的生命力和实践推广的价值。本书是笔者及其研究团队30年来持续实践研究的成果，对中小学探索后进生教育转化的研究与实践起到投石问路的作用，成为"立德树人"福建方案之一，更希望为全区域性的"立德树人"工作贡献"基层首创"增添一份绵薄之力。

1992年至今，"持续教育，系统管理"教育转化后进生专题研究与实践过程中得到福建省平潭实验小学的学校领导、老师的积极参与和鼎力帮衬，实验小学教研片成员学校的领导、老师的倾情践行和积极推广，特别是时任平潭县教育局书记（主持工作）的高名奎同志、督导室陈绍顺副主任、初教科曾华栋科长、城关中学陈志锋校长（时任平潭县德育研究会第三分会会长）、教师进修学校陈为端主任的积极点赞和睿智提领。有关课题在申请、立项、研究过程中得到了福建省教科所吴明洪所长、时任福建省小学数学教育研究会（现改为福建教育学会小学数学教育研究分会）理事长陈笑晴老师、时任福建教育出版社黄旭社长和林彦主任、教育部福建师范大学课程中心的魏为燚老师等有关部门的领导、专家、学者和研究人员的悉心指导和大力支持，在此深表谢意。

该专题研究参考和吸收了有关教育专家、学者、优秀教师及教、科研人员的理论、研究成果或作品，尤其是形成本书时，由于沟通不便，有的未来得及征得原作者意见，根据研究与编撰需要对原文作了摘录或引用，为此特请求谅解，并希望这些作者见本书后能同笔者取得联系。值此作付印之际，特表示最衷心的感谢！

本专题研究与实践工作主要由平潭实验小学以及片区成员学校的骨干教

师组成，他们以严谨而求实的态度、深思而慎取的精神，完成了预期的任务，并取得成效。尤其是吴正和老校长在笔者履职副校长兼总辅导员期间积极支持该项专题研究并纳入全校性的工作！感谢在笔者履职校长期间，所有伙伴一同投入其中，帮衬着专题研究与实践工作持续深入地开展！感谢在笔者改任书记期间，校长吴建生带领行政班子成员积极参与课题、示范项目和百优项目的实践研究工作！在此，特向林聚金、丁秀兰、林传生、吴建生、林正惠、林兰琼、林云钦、薛枫、李明琴等研究团队核心组成员的努力和付出表示诚挚的谢意！

  当然，限于笔者对"后进生教育转化"的认知水平和时间的紧迫，本书中的缺点与错误一定不少，衷心希望广大教育同人、教育专家批评指正。

图书在版编目（CIP）数据

后进生转化 36 计："持续教育，系统管理"实践研究/陈敬文编著．－福州：福建教育出版社，2022.7（2025.12 重印）

ISBN 978-7-5334-9400-1

Ⅰ.①后… Ⅱ.①陈… Ⅲ.①中小学生－后进生－教育研究 Ⅳ.①G635.5

中国版本图书馆 CIP 数据核字（2022）第 097786 号

后进生转化 36 计
—— "持续教育，系统管理"实践研究

陈敬文 编著

出版发行	福建教育出版社
	（福州市梦山路 27 号　邮编：350025　网址：www.fep.com.cn
	编辑部电话：0591-83726908
	发行部电话：0591-83721876　87115073　010-62024258）
出 版 人	江金辉
印　　刷	福建东南彩色印刷有限公司
	（福州市金山工业区　邮编：350002）
开　　本	710 毫米×1000 毫米　1/16
印　　张	10.75
字　　数	165 千字
插　　页	1
版　　次	2022 年 7 月第 1 版　2025 年 12 月第 8 次印刷
书　　号	ISBN 978-7-5334-9400-1
定　　价	29.00 元

如发现本书印装质量问题，请向本社出版科（电话：0591-83726019）调换。